CLV

William MacDonald

10 Highlights meines Lebens

clv

Wenn nicht anders vermerkt, sind die Bibelzitate der Elberfelder Übersetzung 2003, Edition CSV Hückeswagen, entnommen.
Die Nummerierung der Strophen ist in der Regel nur dort eingefügt worden, wo mindestens zwei Strophen wiedergegeben sind.

1. Auflage 2023

Originaltitel: Ten Highlights in an Ordinary Life

Ravensberger Bleiche 6 · 33649 Bielefeld
Internet: www.clv.de

Übersetzung: Heidi Trinker
Die Übertragung der Lied- und Gedichttexte geht zum größten Teil auf Hermann Grabe und in geringerem Maße auf den Herausgeber zurück – es sei denn, dass andere Autoren angegeben werden.
Satz: EDV- und Typoservice Dörwald, Steinhagen
Umschlag: Lucian Binder, Marienheide
Druck und Bindung: ARKA, Cieszyn, Polen

Artikel-Nr. 256494
ISBN 978-3-86699-494-2

Inhalt

Vorwort

Die letzte Reihe von Predigten, die William MacDonald hielt, nannte er »Zehn Highlights in einem ganz normalen Leben«. Aus zehn Bereichen wählte er jeweils zehn Erlebnisse und Gedichte, Personen und Bücher aus, um die Hörer zu einem ausgewogenen Leben mit dem Herrn zu motivieren. Daraus sollte ein weiteres Buch entstehen, das du nun in den Händen hältst.

Mit viel Schwung und Freude brachte er die Disziplin auf, mit seinen 90 Jahren über diese Höhepunkte zu predigen und zu schreiben. Die Arbeit an diesem Buch konnte er aber nicht vollenden, weil der Herr droben andere Aufgaben für Seinen treuen Diener hatte und ihn zu sich rief. Deswegen konnte er nicht in jedem Bereich zehn Beispiele auswählen.

Vielen Lesern wurde durch den Dienst und die Bücher von William MacDonald geholfen. Sie werden sich freuen über die Einzelheiten aus dem Leben des Autors, die er selbst als Höhepunkte sieht.

Andreas Lindner, Januar 2023

1. Zehn grundlegende Bibelstellen

Manche Leute haben einen Lieblingsvers. Oft ist es der Vers, der sie zum Lamm geführt hat. Andere haben sich einen Lebensvers ausgesucht, der vielleicht ihr geistliches Ziel ausdrückt. Beide Vorgehensweisen sind empfehlenswert. Es ist nur so, dass ich es schwer fand, mich auf einen Vers zu beschränken. Ich habe mich entschieden, je einen Vers für jeden der zehn großen Abschnitte meines geistlichen Lebens auszuwählen. Die folgenden Verse beschreiben die Spanne von meiner Rettung bis zur Verherrlichung.

Rettung

> »*... dass, wenn du mit deinem Mund Jesus als Herrn bekennst und in deinem Herzen glaubst, dass Gott ihn aus den Toten auferweckt hat, du errettet werden wirst*« (Römer 10,9).

Als ich im letzten Jahr an der Highschool war, gab ich meinen Widerstand und meine Rebellion auf. Ich ging auf meine Knie und nahm Gottes Sohn als meinen Retter an. Der Vers, der mir sehr geholfen hat, war Römer 10,9. Es schien so leicht. Bekenne mit deinem Mund Jesus als Herrn. Das tat ich. Glaube, dass Gott Ihn aus den Toten auferweckt hat. Das glaubte ich mit meinem ganzen Herzen. Dann wirst du gerettet werden. Ich war gerettet.

Oder? War ich wirklich gerettet? Ich spürte keinen Unterschied.

Heilsgewissheit

Dies habe ich euch geschrieben, damit ihr wisst, dass ihr ewiges Leben habt, die ihr glaubt an den Namen des Sohnes Gottes (1. Johannes 5,13).

Monatelang habe ich auf Gefühle gewartet, die mir versichern würden, dass ich gerettet bin, aber die freudigen Gefühle kamen nicht. Schließlich habe ich verstanden, dass man Heilsgewissheit durch das Wort Gottes und nicht durch Gefühle bekommt. Zuerst wurde mir das durch 1. Johannes 5,13 klar. Dort heißt es nicht: »Ihr werdet fühlen, dass ihr ewiges Leben habt.« Es heißt: »… damit ihr wisst, dass ihr ewiges Leben habt.« Fakten sind besser als Gefühle.

Völlige Hingabe

Ich ermahne euch nun, Brüder, durch die Erbarmungen Gottes, eure Leiber darzustellen als ein lebendiges, heiliges, Gott wohlgefälliges Schlachtopfer, was euer vernünftiger Dienst ist. Und seid nicht gleichförmig dieser Welt, sondern werdet verwandelt durch die Erneuerung eures Sinnes, dass ihr prüfen mögt, was der gute und wohlgefällige und vollkommene Wille Gottes ist (Römer 12,1-2).

Ich habe Christus in Bezug auf die Rettung meiner Seele vertraut, aber ich habe Ihm nicht mein Leben zum Dienst übergeben. Acht Jahre nach meiner Bekehrung habe ich Römer 12,1-2 gehorcht. Ich habe alle eigenen Pläne und Ziele, die ich für mein Leben hatte, aufgegeben und meinen Leib Jesus übergeben, um in jedem Fall Seinem Willen zu gehorchen – egal, was das für mich beinhalten würde.

Sündenvergebung

Wenn wir unsere Sünden bekennen, so ist er treu und gerecht, dass er uns die Sünden vergibt und uns reinigt von aller Ungerechtigkeit (1. Johannes 1,9).

Ich wusste, dass der Herr Jesus die Strafe meiner Sünden am Kreuz bezahlt hat. Als ich glaubte, sprach Gott als Richter mir die Vergebung im juristischen Sinne für alle meine Sünden zu – für vergangene, gegenwärtige und zukünftige Sünden. (Alle meine Sünden lagen in der Zukunft, als Christus starb.) Aber was war mit den Sünden, die ich nach meiner Errettung beging? Meine Gemeinschaft mit dem Herrn war gestört. Wie konnte ich Vergebung erhalten und eine wiederhergestellte Gemeinschaft mit Gott erleben? Da bekam ich eine Antwort aus 1. Johannes 1,9. Wenn ich meine Sünden bekenne, steht Gott, mein Vater, treu zu Seinen Versprechen und wird mir auf der Grundlage des vollbrachten Werkes Christi väterliche Vergebung zusprechen.

Führung

Vertraue auf den HERRN mit deinem ganzen Herzen, und stütze dich nicht auf deinen Verstand. Erkenne ihn auf allen deinen Wegen, und er wird gerade machen deine Pfade (Sprüche 3,5-6).

Unvermeidlich kam die Frage auf: »Wie kann ich Gottes Führung in meinem Leben erfahren?« Sprüche 3,5-6 war eine von vielen Bibelstellen, die mir eine Antwort gab. Ich darf nicht meinem eigenen Urteilsvermögen vertrauen. Ich muss von ganzem Herzen Gott das Recht zum Entscheiden geben. Ich muss Ihn und Seine Interessen vor die meinen stellen. Das Ergebnis? »… und er wird gerade machen deine Pfade.« Das ist das Versprechen von dem Gott, der nicht versagen kann.

Trost

Den Abend lang währet das Weinen, aber des Morgens ist Freude (Psalm 30,6; Luther 1984).

Der Tag kam, als die mir liebste Person in der Welt ihre Augen schloss und starb. Ich war untröstlich. Ich wusste bis zu dem Zeitpunkt nicht, wie niederschmetternd dieses Erlebnis sein würde. Liebe christliche Freunde versammelten sich, um mit uns zu trauern und ihr Mitgefühl auszusprechen. Aber ehrlich gesagt: Nichts, was sie sagten, nahm den Schmerz und die Qual weg. Schließlich sandte ein Gläubiger ein paar Worte der Anteilnahme. Am Ende zitierte er Psalm 30,6 (und zwar den zweiten Teil des Verses). Das änderte die Situation. Trauer ist nur wie ein Besuch, der für eine Nacht bleibt. Die Freude, wenn Jesus kommt, bleibt für immer.

Ermutigung

> *Ich aber sprach: Umsonst habe ich mich abgemüht, vergeblich und für nichts meine Kraft verzehrt; doch mein Recht ist bei dem HERRN und mein Lohn bei meinem Gott* (Jesaja 49,4).

Es gab eine andere Zeit, als ich durchs Tränental ging. Ein Dienst für den Herrn wurde beendet, ohne dass ich daran schuld war. Es war der Tod eines Traumes. Es schien so, als ob ich meine Zeit und meine Kraft jahrelang verschwendet hätte. Jetzt fühlte es sich so an, als ob ich auf die Müllhalde geworfen worden wäre. Als ich in Selbstmitleid versank, sandte mir eine Bekannte einen Brief. Sie konnte nicht wissen, was ich gerade durchlebte. Ich hatte es niemandem außer dem Herrn anvertraut. Am Ende des Briefes schrieb sie »Jesaja 49,4«. Ich konnte Gottes Stimme nicht akustisch hören, aber es war genauso klar, als hätte ich sie gehört. Ich hob meinen Kopf wieder hoch und beteiligte mich wieder am Wettlauf in der Kampfbahn des Glaubens.

Die Gemeinde und der Zweck der Gaben

> *Und er hat die einen gegeben als Apostel und andere als Propheten und andere als Evangelisten und andere als Hirten und Lehrer, zur Vollendung der Heiligen, für das Werk des Dienstes, für die Auferbauung des Leibes des Christus, bis wir alle hingelangen zu der Einheit des Glaubens und der Erkenntnis des Sohnes Gottes, zu dem erwachsenen Mann, zu dem Maß des vollen Wuchses der Fülle des Christus* (Epheser 4,11-13).

Das ist der Abschnitt, der für mich entschied, in welcher Art von Gemeinde ich Gemeinschaft suchen wollte. Ich erkannte, dass der auferstandene Herr keine Gaben gegeben hat, auf die die Gläubigen permanent angewiesen sind. Er hat Gaben gegeben, um die Heiligen für das Werk des Dienstes auszurüsten. Diese Erkenntnis hatte umwälzende Folgen. Der Dienst ist nicht einer ausgewählten Gruppe von Geistlichen vorbehalten, sondern umfasst alle Gläubigen. Alle Gläubigen sollen in diesem Dienst mitarbeiten, und der Dienst beinhaltet Evangelisation, Lehren, Seelsorge – kurz, jede Aufgabe, die das Neue Testament den Gläubigen gibt. Jeder Christ sollte ein Diener sein. Die Unterscheidung zwischen Klerus und Laien gibt es im Neuen Testament nicht.

Anbetung

> *Es kommt aber die Stunde und ist jetzt, da die wahrhaftigen Anbeter den Vater in Geist und Wahrheit anbeten werden; denn auch der Vater sucht solche als seine Anbeter* (Johannes 4,23).

Ich wuchs in einer Gemeinde auf, in der die Heiligen jeden Sonntag zum Mahl des Herrn zusammenkamen. Wenn sie sich trafen, ging es nur um Anbetung. Es gab in dieser Zusammenkunft keine Zeit, um zu predigen, zu lehren, Zeugnis zu geben oder ein Solo zu singen. Aber der Tag kam in meinem Leben, als ich meinen Standpunkt überdenken musste. Warum war ich in genau dieser Gemeinde? War es, weil ich darin groß geworden bin? Wäre ich genauso glücklich in einer »normalen« Gemeinde, wo man ein paarmal im Jahr zum Abendmahl zusammenkommt?

Als ich erkannte, dass Gott Anbeter sucht, beschloss ich, unter denen zu sein, die Er bei der Anbetung finden würde, während sie sich jeden Sonntag an Jesu Tod erinnern.

Hoffnung

... so komme ich wieder und werde euch zu mir nehmen, damit, wo ich bin, auch ihr seiet (Johannes 14,3b).

Es gibt nichts im christlichen Leben, was mir so viel ungetrübte Freude gibt wie die glückselige Hoffnung darauf, dass Christus jederzeit wiederkommen kann, um seine mit Blut erkaufte Braut heimzuholen, damit sie bei Ihm ist. Die Bestimmung, für immer bei Christus zu sein und Ihm gleich zu sein, lässt mein Herz höherschlagen. Die Aussicht an einem Ort zu sein, wo es keine Sünde, Leid, keine Krankheit, keinen Schmerz, keine Trennung oder keinen Tod mehr gibt, ist unvergleichlich. Mein Becher fließt über.

Diese zehn Abschnitte aus der Heiligen Schrift waren mir ein Anker, und sie sind Ratschläge, die ich anderen mitgeteilt habe.

2. Zehn einflussreiche Christen in meinem Leben

Gott bewirkt durch die natürliche Geburt, wer unsere Verwandten sein werden. Er wählt unsere christlichen Freunde bei unserer Wiedergeburt aus. Ich werde Ihm immer dankbar sein für das gottgemäße Erbe, das mir gegeben wurde. Und ich danke Ihm unaufhörlich für die Freunde, die Er ausgesucht hat. Ich bin so froh, dass Er mir nicht die Wahl gelassen hat. Ich hätte das nie so gut machen können. Immer, wenn ich an meine Verwandten und Freunde denke, erinnert mich das an Davids Worte in Psalm 16,3: »An den Heiligen, die auf Erden sind, an den Herrlichen hab ich all mein Gefallen« (Luther 1984). Und diese haben auch den nachhaltigsten Einfluss auf mein Leben ausgeübt.

Sowohl Mutter als auch Vater haben bei uns allen den größten Einfluss. Schon in den ersten Jahren lehren sie uns alle grundlegenden Dinge des Lebens – essen, gehen, reden, sich anziehen und lesen.

Vater

Es war mein Vater, der uns in der Bibel festigte. Durch ihn lernten wir die großen Lehren des Glaubens. Er lehrte uns die Wahrheit, die die besondere Berufung und die Bestimmung der Gemeinde, die Haushaltungen sowie den prophetischen Plan Gottes (und darin ganz besonders die Entrückung der Gemeinde) betrifft. Mir wurde erzählt, dass er meinen Bruder und mich auf seinen Schultern durch Schneewehen trug, um uns zu Gemeindezusammenkünften zu bringen, weil wir kein Auto hatten. Sobald ein großer Evangelist in unsere Stadt kam, nahm er uns mit, damit wir ihn anhören konnten.

Mutter

Meine Mutter brachte uns die gesellschaftlichen Umgangsformen und den Wert von harter Arbeit bei und lehrte uns, wie wichtig es ist, für unsere Überzeugungen einzustehen. Der Tag des Herrn war ein besonderer Tag in unserer Familie. Am Samstagabend säuberten wir als Vorbereitung darauf unsere Schuhe. Am Sonntag gab es keinen Sport, keine Einkäufe und keine Arbeit. Es war der Tag des Herrn.

Wir durften nie ins Kino gehen. Tanzen, Rauchen, Alkohol-Trinken und Kartenspielen kamen gar nicht infrage.

Während der Wirtschaftskrise lieferte mein Bruder Ian Lebensmittel aus und gab seinen ganzen Verdienst sowie die Trinkgelder meiner Mutter, um zu unserem Haushaltseinkommen beizutragen. Als er die Highschool beendet hatte, verkündete er, dass er gern eine Bibelschule besuchen würde. Da ging meine Mutter zur Bank, hob das ganze Geld ab, das er ihr gegeben hatte, und überreichte es ihm.

Ich kann John Wesley nur zustimmen, wenn er sagt: »Ich lernte von meiner Mutter mehr über Gott als von allen europäischen Theologen zusammen.« So denke auch ich über meine Mutter.

Keiner unserer Eltern drängte uns jemals zur Bekehrung. Sie »beteten uns ins Reich Gottes« und beriefen sich dabei auf das Versprechen in Apostelgeschichte 16,31b: »... und du wirst errettet werden, du und dein Haus.«

Mein Dank an meine Mutter und meinen Vater ist unermesslich groß.

Joan MacKenzie

Ich wurde in Schottland eingeschult, als meine Eltern ein Jahr nach Schottland zogen, um ihre Verwandten zu besuchen. Meine erste Lehrerin war Fräulein MacKenzie, später Frau MacLeod. Sie war eine gläubige junge Frau, so wie meiner Meinung nach die meisten anderen Lehrer auch. Sie unterrichteten die Bibel zusammen mit den anderen Fächern. Ich hoffe sehr, dass die Lehrer dort in der »Cross School« immer noch nach den gleichen Grundsätzen unterrichten.

Meine Schulzeit wurde etwas verkürzt, und zwar durch eine Diphtherie, die fast tödlich verlief. Aber meine Lehrerin hat nie die Verbindung zu mir verloren. Durch eine meiner Tanten war sie immer über mich informiert. Sie las alle meine Bücher, sobald sie aus der Druckerei kamen.

Wir schrieben uns regelmäßig, und auf meinen Reisen nach Schottland besuchte ich sie immer. Sie verlor nie ihr Interesse an mir.

1980 war ich in ihrem Dorf und hörte, dass sie sehr krank sei. Ich suchte das Haus ihres Neffen auf, wo sie wohnte.

Zwei Wochen später erreichte mich in den USA die Nachricht, dass sie zum Herrn heimgegangen sei. Der Herr hatte meinen Besuch so geführt, dass ich mich noch von einer gottgemäßen Frau verabschieden konnte, die einen großen Einfluss auf mein Leben hatte. Was war dieser Einfluss? Sie hatte all diese Jahre treu für mich gebetet.

Ich weiß, dass ihre Gebete mich begleitet haben. Ich werde ihr noch einmal Danke sagen, wenn der Tag anbricht und die Schatten fliehen.

James McKendrick

Mr. McKendrick war ein schottischer Evangelist. Als er nach Somerville (Massachusetts) kam, um zu predigen, zeigte es sich bald, dass der Geist Gottes mächtig wirkte. Die Nachricht, dass er gekommen war, verbreitete sich, und der Gemeindesaal war voll.

Der bärtige Prediger brauchte niemanden, der ihn musikalisch unterstützte. Er spielte seine Violine und sang kräftig. Die Versammlung stimmte mit Überzeugung und ganzem Herzen ein. Es war außergewöhnlich. Der Herr war wahrhaftig anwesend.

Manche Lieder waren mir neu. Zum Beispiel:

Auf goldnen Himmelsstraßen wolln viele einmal gehn;
Doch Gottes Weg zum Leben die meisten grob verschmähn.
Sie traun auf ihre Werke – so wie's ein jeder tut;
Ich – Halleluja – traue nur einzig auf das Blut.

Refrain:
Des Heilands Blut alleine macht meine Seele rein;
Dies Bad zum ew'gen Leben soll meine Hoffnung sein.
Auch wenn die Menschen hoffen, manch andrer Weg sei gut,
Ich – Halleluja – traue nur einzig auf das Blut.[1]

Er brachte uns Charles Wesleys großartiges Lied bei (»Kann es denn sein, dass Gott mir gibt / ein Anrecht auf des Heilands Blut?«[2]).

---

1 **On the golden streets of heaven**

On the golden streets of heaven all men hope to walk some day,
Yet so many are not willing to accept the living way;
But while others build on good works or opinions if they may,
Hallelujah! Hallelujah! I'm depending on the blood.

Refrain:
In the soul-cleansing blood of the Savior,
I've been wash'd in the crimson flood;
Tho' the world may say
There is hope some other way,
I'm depending on the blood.

2 A. d. H.: Originaltitel: »And can it be that I should gain / an int'rest in the Savior's blood?«. Der Titel der deutschen Version geht auf Christoph Klaiber zurück. Daneben gibt es weitere deutsche Übertragungen, darunter »Kann's sein, dass Christus für mich starb / der ich nur Kummer Ihm gemacht?« von Hermann Grabe. Vgl. auch den Abschnitt unter der Überschrift »Kann's sein, dass Christus für mich starb« in Kapitel 7.

Als er anfing, das Evangelium zu predigen, wurde ich auf meinem Platz ganz klein. Ich war so überführt von meinem verlorenen Zustand, dass ich ihm nicht in die Augen schauen konnte. Es war ein Gefühl der Erleichterung, als er aufhörte und ein abschließendes Lied gesungen wurde. Vielleicht war es das folgende:

Hör, Sünder, hör – gute Botschaft für dich,
Botschaft der Gnade für dich und für mich.
Jesus, der Reine, am Kreuz für dich starb
Und dich erlöste, das Heil dir erwarb.

Refrain:
Hör doch, Gott tilgt auch die blutigste Schuld,
Warum misstraust du noch so großer Huld?
Jesus, der Reine, am Kreuz für dich starb
Und dich erlöste, das Heil dir erwarb.[3]

Die Versammlung war vorbei, und die Leute gingen leise nach draußen. Aber nicht alle. Hier und da im Saal saßen noch Menschen und vergossen Tränen, während sie sich auf den Weg nach Golgatha machten.

---

3 **Hark, sinner, hark, we have tidings for you**

Hark, sinner, hark, we have tidings for you,
Tidings of pardon and mercy for you;
Jesus, the just One, has died on the tree;
Died for guilty sinners and salvation is free.

Refrain:
Hear the news, sinner, free, free, free;
Why not receive it, 'tis good news for thee?
Jesus, the just One, has died on the tree,
Died for guilty sinners and salvation is free.

Es war nicht ungewöhnlich, dass ein Dutzend Leute in einer Versammlung gerettet wurden. Am nächsten Abend saßen sie alle bei Mr. McKendrick auf der Bühne hinter dem Rednerpult. Es war sein Grundsatz, dass sie ohne Aufschub öffentlich Christus bekennen sollten.

Ich bin nicht bei diesen Treffen gerettet worden. Aber ich denke, dass durch jede Botschaft mein Widerstand gegen den Heiligen Geist kleiner wurde.

Ich habe später nie mehr so stark wie in diesen Versammlungen gespürt, dass ich durch den Heiligen Geist gezogen wurde. Ich wünschte, ich könnte diesen Evangelisten noch einmal hören, jetzt als Christ.

H. A. Ironside

Jeder liebte H. A. Ironside. Er war so freundlich, voller Liebe und liebenswert. Seine Stimme hatte die Wärme eines freundlichen Onkels oder Großvaters. Die Leute sagen immer noch gern: »Ich kannte Bruder Ironside.«

Er legte die Schrift Vers für Vers aus. Das war der Grund, warum die meisten von uns ihn so schätzten. Er konnte die schwierigsten Bibelstellen nehmen und so erklären, dass ein Neubekehrter sie verstehen konnte. Ein jüdischer Bibelverkäufer hörte von diesem »großartigen Prediger« und kam, um ihn sich in Chicago anzuhören. Als er den Vortragsraum verließ, sagte er zu sich selbst: »Hmmm, nicht wirklich etwas Besonderes. Ich habe alles verstanden, was er gesagt hat.« Dann dämmerte es ihm: »Das Besondere an Dr. Ironside ist, dass man ihn verstanden hat.«

Ich glaube, dass dieser in Ehren gehaltene Mann ein fotografisches Gedächtnis hatte. In späteren Jahren, als er schon fast nicht mehr sehen konnte, hat er einige Predigten über Jesaja gehalten. Er hat sich auswendig durch das Buch gearbeitet. Nur gelegentlich half ihm seine Frau, die neben ihm stand, mit einem Stichwort.

Er las die Bibel einmal im Jahr durch – sein ganzes Leben lang. Er wurde 74 Jahre alt (14. Oktober 1876 bis 15. Januar 1951).

In persönlichen Gesprächen hatte er eine feine Art, das Thema vom Weltlichen wegzulenken und zum Geistlichen überzugehen. Sein Fokus blieb immer auf Gottes Wort. Er redete nie über Belanglosigkeiten.

Streitsüchtige Brüder wies er weise ab. Ein Mann kam am Ende eines Treffens auf ihn zu und versuchte, ihn in eine unnötige Diskussion zu verwickeln. Mr. Ironside sagte: »Nun gut, lieber Bruder, wenn wir in den Himmel kommen, wird einer von uns im Irrtum sein, und vielleicht bin ich das.« Das entschärfte den Streit mit dem Erbsenzähler.

Ein anderes Mal fragte eine Dame: »Dr. Ironside, wenn ich in den Himmel komme, werde ich dann meinen Hund dabeihaben?« Er antwortete: »Ja, wenn Sie das dann wirklich wollen.« Er hob bei dieser Angelegenheit das Positive hervor, ohne die Fragestellerin zu beleidigen.

H. A. Ironside war ein Vorbild als Diener des Herrn Jesus. Ich wünschte, ich hätte mehr Zeit mit ihm verbringen können.

R. E. Harlow

Mein erster Kontakt mit Ed Harlow ergab sich, als er mir schrieb und mich einlud, an der Emmaus-Bibelschule in Toronto zu unterrichten. Ich war soeben aus der Marine entlassen worden und hatte angefangen, in einem christlichen Buchladen in Oakland zu arbeiten. Also schrieb ich ihm zurück, dass ich gerade erst eine Arbeitsstelle angenommen hatte und mich verantwortlich fühlte, zumindest für eine Weile dort zu bleiben.

Ungefähr ein Jahr später, als Ed bei einer Bibelkonferenz in Oakland sprach, lud er mich erneut ein. Aber diesmal ging es um die Emmaus-Bibelschule, die am Ende des Monats in Chicago eröffnet werden sollte. Dieser Tag war der letzte Tag, an dem ich im Buchladen unter Einhaltung meiner dreiwöchigen Kündigungsfrist mein Arbeitsverhältnis beenden konnte. Am Ende des Monats war ich schon in Chicago.

Obwohl Ed in Toronto war und ich mich in Chicago aufhielt, kreuzten sich unsere Wege oft. Er ging offensichtlich ganz in seiner Arbeit für Jesus auf und hatte eine Leidenschaft, zu schreiben und christliche Literatur zu verteilen, sowie einen trockenen Humor.

Er hatte ein Programm mit Fernbibelkursen ins Leben gerufen, das inzwischen zum weltgrößten Projekt auf diesem Gebiet geworden ist. Außerdem erstellte er ein Wörterbuch mit 2000 Vokabeln, um die Herausgabe von Literatur für Dritte-Welt-Länder zu ermöglichen. Er gründete den Verlag »Everyday Publications«, um Missionaren kostenlose Bücher in einfacher Sprache zu senden. Bis zu seinem Tod war sein Haus Büro und Werkstatt zugleich. Seine erste Frau Margret teilte seine Leidenschaft. Als sie gestorben war, gab auch seine zweite Frau Gertrud christliche Literatur in großen Mengen heraus.

Er brachte mir bei: Wenn du die Massen erreichen willst, muss du die Botschaft einfach halten.

Er ermutigte mich immer, wenn ich mit meinen neuesten Ideen zu ihm kam. Zum Beispiel zeigte er mir, dass wir unsere Zeit nicht vergeuden sollten. Einmal leitete er eine Predigt ein, indem er sagte: »Ich will heute zu euch über eine Minute reden.« Vielleicht waren die Studenten erleichtert, weil sie dachten, dass es kurz werden würde. Aber Ed redete eine halbe Stunde über den Wert einer Minute im Leben eines Gläubigen und über die Tragödie, sie zu verschwenden.

Meine Beziehung und Freundschaft mit Ed dauerte 56 Jahre. Ich hoffe, dass etwas von seinem Weitblick und seiner Leidenschaft auf mich abgefärbt hat.

George Verwer

Ich sah ein Leben, das für Gott brannte. Das Leben von George Verwer.

Eines Tages hörten wir Gerüchte über eine Gruppe von Fanatikern am Moody Bible Institute, die in ihrer Begeisterung für den Herrn anscheinend sehr extrem waren. Sie hielten angeblich Gebetstreffen ab, die die ganze Nacht andauerten. Das stimmte. Sie sammelten angeblich Essensreste in der Cafeteria ein, damit nichts verschwendet würde. Das stimmte nicht. Der Leiter war angeblich ein Extremist namens George Verwer. Das stimmte.

Wir von der Emmaus-Bibelschule mischten uns nicht ein; das alles betraf uns ja nicht. Niemand wirbelte bei uns Staub auf. Bis zu dem Zeitpunkt, als George Verwer in meinem Büro erschien und fragte, ob sie ihre monatliche Gebetsnacht in unserem Gebäude abhalten dürften. Die Dozenten stimmten unter der Voraussetzung zu, dass es eine Aufsichtsperson gäbe. Ich erklärte mich dazu bereit, ohne zu ahnen, wie weitreichend diese Entscheidung sein würde.

Als die Bewegung wuchs, kristallisierten sich bestimmte Besonderheiten heraus.

Es lag eine Betonung auf den Bedingungen, die Jesus für die Nachfolge stellte. Hatte Er wirklich gemeint, dass wir alles verlassen und Ihm nachfolgen sollten? Verwer dazu: »Entweder meint die Bibel, was sie sagt, oder wir können sie wegwerfen.«

Gebet stand im Zentrum: »Die Arbeit Gottes wird mehr im Gebet getan als auf irgendeine andere Weise.«

Glaube: »Gott zahlt für das, wozu Er den Auftrag gibt.« Wir teilen niemandem unsere Bedürfnisse mit, außer dem Herrn.

Hingabe: »Wenn ich wirklich glaube, dass man mit 10 Cent 10 Traktate kaufen kann und dass 10 Traktate für die Rettung von 10 Seelen verwendet werden können, dann würde ich nicht fünf Cent für einen Schokoriegel ausgeben.«

»Wenn mir jemand sagen würde, dass am Ende der Straße 5000 Dollar liegen und ich sie bekommen würde, wenn ich dorthin auf meinen Händen und Knien krabbeln würde, dann würde ich auf meinen Händen und Knien dorthin krabbeln und auf dem ganzen Weg an die Rettung von Seelen denken.«

Vertrauen auf Gott: »Du musst dich selbst in eine Position bringen, wo du nicht anders kannst, als Gott zu vertrauen – wo du untergehen würdest, wenn Gott dich im Stich ließe. Dann wird Kraft in deinem Leben wirken, und wenn du mit anderen in Berührung kommst, wird etwas für Gott passieren.«

Evangelisation: »Warum sollten manche das Evangelium zweimal hören, wenn so viele es noch nie gehört haben.«

Gott ehrte diese Extremisten. Die Missionsarbeit breitete sich nach Mexiko aus, dann nach Spanien und in die Türkei und später über die ganze Welt. Die Transportmöglichkeiten erweiterten sich: Erst war es eine Flotte alter VW-Busse, dann kamen hochseetaugliche Schiffe hinzu, die heute die Ozeane befahren.

Viele dachten, es wäre ein Fehler, dass ich meine Präsidentschaft an der Bibelschule aufgab und mit diesen Nobodys ins Ausland ging. Aber in Wirklichkeit haben George Verwer und diejenigen, die sich außer ihm ebenfalls in diesen Dienst rufen ließen, mein Leben sehr bereichert.

Rob Luce

Als wir Rob Luce als Kandidat für das DITP[4] aufnahmen, wussten wir, dass er ein Melanom hatte – das Symptom einer bösartigen Form von Krebs. Wir wussten auch, dass er möglicherweise nicht so lange leben würde, um das Jahr im DITP beenden zu können.

Aber wir kannten diesen stillen jungen Mann Gottes und wussten, wie er im Glauben gewachsen war. Es war undenkbar, seine Bewerbung abzulehnen.

Seit seiner Bekehrung hatte Rob mehr als 2000 Verse aus der Bibel auswendig gelernt – Verse, die ihm halfen, als er dem Tod gegenüberstand. Eines Tages fragte ich ihn: »Rob, was ist dein Lieblingsvers?« Ohne zu zögern, antwortete er: »Apostelgeschichte 20,24: ›Aber ich nehme keine Rücksicht auf mein Leben als teuer für mich selbst, damit ich meinen Lauf vollende und den Dienst, den ich von dem Herrn Jesus empfangen habe, zu bezeugen das Evangelium der Gnade Gottes.‹«

Eines Tages, als sein Zustand sich verschlechterte, fragte ich ihn: »Rob, hast du Schmerzen?« Er antwortete leise »Ich kann mich nicht beschweren.« Jedes Mal, wenn ich versucht war zu jammern, dachte ich an diese Situation.

Er liebte seine Frau Donna sehr, aber er zögerte nicht zu sagen, dass es jemanden gab, den er mehr liebte. Sein Name ist Jesus.

4 A. d. Ü.: DITP (Discipleship Intern Training Program), ein Ausbildungsprogramm für Mitarbeiter im Gemeindebau.

Als er seiner himmlischen Heimat näher kam, haben wir die Mittagsmahlzeiten der DITP-Teilnehmer ausfallen lassen und die Zeit im Gebet verbracht. Dann sind wir zum Haus von Rob hinübergegangen und haben mit ihm in der Bibel gelesen und gesungen. Eines seiner Lieblingslieder ging auf Psalm 84 zurück:

> Wie lieblich sind Deine Wohnungen,
> O Herr, mein Gott, für mich.
> Es sehnt sich, ja, es schmachtet meine Seel
> Nach den Vorhöfen des Herrn.
> Mein Herz und mein Fleisch, sie rufen
> Laut nach dem lebendigen Gott.
> Wie lieblich sind Deine Wohnungen,
> O Herr, mein Gott, für mich.[5]

Dieses DITP-Jahr war für uns alle einzigartig. Als wir mit Rob durch das Tal zu den Himmelspforten gingen, zogen uns die Seile der Liebe und des Leids nahe zum Herrn, und wir waren untereinander eng verbunden.

---

5 **Psalm 84**

How lovely is the dwelling place,
O Lord of hosts, to me.
My soul is longing and fainting
The courts of the Lord to see.
My heart and my flesh, they are singing
For joy to the living God.
How lovely is Thy dwelling place,
O Lord of hosts, to me.

Art Farstad

Als Art Farstad sich bei Emmaus einschrieb, war er sehr schüchtern. Als er seinen Abschluss machte, hatte er etwas von seiner Schüchternheit, aber nichts von seiner Demut verloren. Nachdem er Emmaus verlassen hatte, ging er zum »Washington Bible College« und zum »Dallas Theological Seminary«, wo er promovierte. In Dallas unterrichtete er die nächsten fünf Jahre Griechisch.

In all den Jahren blieben wir über Telefon in Kontakt. In einem dieser Telefonate habe ich beiläufig erwähnt, dass unsere DITP-Teilnehmer mich drängten, meine Auslegungen über die Bücher der Bibel zu einem einbändigen Kommentar zusammenzufügen. Er antwortete sofort: »Ich würde wirklich gern bei einem Projekt wie diesem mitwirken.«

Ich war sprachlos. Hatte mir da wirklich gerade der leitende Herausgeber der *New King James Version* der Bibel angeboten, dass er meinen Kommentar herausgeben würde? Das Angebot wurde sofort angenommen. Niemand wäre dafür geeigneter gewesen als Art. Er war ein respektierter Gelehrter, der meine Überzeugungen hinsichtlich jedes bedeutenden biblischen Themas teilte.

Die nächsten Jahre waren alles andere als leicht. Es gab frustrierende Computerprobleme und Probleme beim Layout. Es schien so, als ob wir es mit dämonischen Gegnern zu tun hätten. Aber es gab keine zwischenmenschlichen Probleme, keine scharfen Worte zwischen Art und mir – dank seiner Gnade, Geduld und Ausdauer.

Ich habe die Größe meines ehemaligen Studenten erst erkannt, als er gestorben war. Erst am Grab hörte ich von der großen Reichweite seiner Interessen, von seinen literarischen Fähigkeiten und von seinem Einfluss auf andere Christen. Es sei mir gestattet, einen Absatz aus der Grabrede eines seiner engen Freunde, Frank D. Carmical, zu zitieren.

> »Art war ein altmodischer Junggeselle und Gentleman. Seine Interessen reichten von klassischer Musik über die Olympischen Spiele bis hin zur Handschriftenanalyse und zu Rosen. Er war Künstler und Gelehrter, ein moderner Mann der Renaissance, mit dem Verstand eines genialen Erfinders, dem Herz eines mittelalterlichen Romantikers und der Seele eines metaphysischen Dichters. Wer sonst außer einem Mann, der kindlich im Glauben lebt und in dieser Gesinnung mit Gott wandelt, würde nie seine morgendliche Stille Zeit auslassen und diese täglichen Andachten sogar abwechselnd auf Englisch, Latein, Norwegisch, Griechisch oder Hebräisch lesen? Wir werden niemanden finden wie ihn.«

Ich vermisse die Telefonate mit Art. Er hat einen leeren Platz in meinem Herzen hinterlassen.

Ein unkonventioneller Seelengewinner

Ich wünschte, ich hätte mehr Zeit mit Onkel Angus verbracht. Wir waren durch den Atlantischen Ozean getrennt. Aber ich hatte das Vorrecht, lang genug mit ihm zusammen zu sein, um ihn als einen Seelengewinner bewundern zu können. Ich war fasziniert von seiner Methode der persönlichen Evangelisation. Er ging dabei nicht so vor, wie es andere gewöhnlich tun. Für ihn war die benutzerfreundliche Methode, die intellektuelle Methode[6] oder die Freundschaftsevangelisation nicht passend. Jeder Fall war unterschiedlich, und er verließ sich auf die Führung des Heiligen Geistes. Sein Vorgehen hätte es nie ins durchschnittliche Lehrbuch geschafft.

Er benutzte die konfrontative Methode. Er stellte direkte Fragen, die seine Zuhörer oft wütend machten. Du denkst vielleicht, dass sich niemand so behandeln lassen würde. Dies war auch anfangs der Fall gewesen, aber dann wurde den Betreffenden tiefe Sündenerkenntnis geschenkt, und sie vertrauten dem Retter. Es sei mir gestattet, einige Beispiele zu erzählen.

Er besuchte seinen Schwager und dessen Familie. Als sie beim Abendessen saßen, beugte der Schwager seinen Kopf und dankte für das Essen. Er war ein guter Kirchenbesucher.

6 A. d. H.: Gemeint ist offensichtlich jene Methode, die besonders intellektuell Veranlagte anspricht und die auch als »Argumentationsstil« bezeichnet wird. Im Übrigen sei angemerkt, dass William MacDonald in dieser Aufzählung nicht alle Evangelisationsmethoden anführt.

Als er fertig war, frage Onkel Angus: »George, bist du ein Christ?«

George antwortete ehrlich: »Nein, ich bin kein Christ.«

»Aha, dann hast du also gerade eine Sünde begangen, die ich nie begangen habe.«

»Was denn, Angus?«

»Du hast Gott deinen Vater genannt. Und Er ist nicht dein Vater, wenn du nicht gerettet bist.«

Diese Aussage beunruhigte George, und er fand keinen Frieden, bis er dem Herrn Jesus vertraute.

John wuchs in einem Zuhause auf, in dem ihm christliche Hingabe vorgelebt und das Wort Gottes morgens und abends gelesen wurde. Er kannte die Bibel gut.

Eines Tages überholte Angus ihn, als er mit seinem Pferd und Wagen in die Stadt unterwegs war. Angus rief: »John, denkst du je über deine Seele nach?«

John antwortete: »Es ist seltsam, dass Sie mich das fragen, Mr. Morrison. Gerade heute Morgen habe ich über den Vers nachgedacht: ›Siehe, wie Handbreiten hast du meine Tage gemacht.‹[7] Und ich stehe genau am Abgrund – bereit, in die Hölle zu fallen.«

»Komm herunter vom Wagen, John.«

Als er abstieg, kniete Mr. Morrison sich mit ihm am Straßenrand nieder.

»John, willst du Christus in zwei Wochen dein Leben anvertrauen?«

7 A. d. Ü.: Psalm 39,6.

John gab die Antwort, die Mr. Morrison hören wollte. Er sage: »Nein, ich will Ihm heute vertrauen.« Und das tat er.

Einen weiteren Auftrag Gottes hatte Angus hinsichtlich eines jungen Mannes, den wir Norman nennen. Er war in die USA ausgewandert und kam nun eingebildet, wie er war, nach Hause, um seine Angehörigen zu besuchen. Angus traf ihn in der Stadt und fragte: »Norman, denkst du jemals über deine Seele nach?«

»Ach, Mr. Morrison, glauben Sie immer noch dieses Zeug über Gott und die Bibel?«

»Ja, natürlich. Ich glaube noch an dieses Zeug.«

»Aber Mr. Morrison, nur Trottel glauben das noch.«

»Wirklich? Ich sage dir, was wir machen. Du betest zu Gott für so einen Trottel wie mich, und ich bitte Gott, dass Er deine Seele rettet.«

Zwei Wochen später ging Norman zum Strand, warf sich in den Sand und schrie zu Gott, dass Er ihn retten möge.

Um diese Geschichten abzurunden: Als Mr. Morrison starb und der Leichenwagen seinen Sarg zum Friedhof brachte, schaute ein Mann aus dem Fenster und sah, wie der Leichenzug unterwegs war. Dieser Mann war ein Alkoholiker und hatte gerade einen Rausch hinter sich. Mr. Morrison hatte mehr als einmal mit ihm über Gott gesprochen. Als die Prozession vorübergezogen war, kniete der Alkoholiker nieder und nahm Gottes Angebot der Gnade an. Dann ging er zurück in die Fabrik, wo er arbeitete, und war von da an ein gutes Zeugnis für seinen Retter.

3. Zehn lebensverändernde Bücher – 2. Timotheus 4,13[8]

Früh in meinem christlichen Leben bat ich meinen Retter, der Herr meiner Bibliothek zu werden. Ich erkannte, dass ich nur eine bestimmte Anzahl von Büchern innerhalb meines Lebens lesen konnte. Deshalb wollte ich, dass Er mich zu jenen Büchern leitet, die am hilfreichsten sein würden. Ich glaube, dass Er dieses Gebet erhört hat. Hier sind einige der Bücher, die eine bedeutende Rolle auf meiner Pilgerreise gespielt haben.

Im Schatten des Allmächtigen. Das Tagebuch Jim Elliots von Elisabeth Elliot

Dies ist eines der geistlich herausforderndsten Bücher, das in meiner Generation herausgekommen ist. Es ist das Tagebuch von Jim Elliot, einem der fünf Märtyrer von Ecuador. In dem Buch gibt er sein brennendes Verlangen weiter, im geistlichen Leben echt sein zu wollen. Außerdem bringt er darin zum Ausdruck, wie tief er von dem Christentum, das er in seinem Umfeld sah, enttäuscht war. Er sagte: »Der ist kein Narr, der hingibt, was er nicht behalten kann, damit er gewinnt, was er nicht verlieren kann.«

---

8 A.d.Ü.: Es werden nur acht Bücher erwähnt. Bevor der Autor die anderen beiden Bücher hinzufügen konnte, hat ihn der Herr heimgeholt. A.d.H.: Man beachte außerdem, dass die Titel aus stilistischen Gründen teilweise gekürzt wiedergegeben werden.

Diejenigen, die das Buch schon gelesen haben, interessiert wahrscheinlich das Buch *Durchs Tor der Herrlichkeit*, das ebenfalls von Elisabeth Elliot geschrieben worden ist. Es ist ein packender Bericht über den Märtyrertod an den Ufern des Curaray-Flusses.

Hudson Taylor. Das Wachstum einer Seele (Bd. 1) *und Hudson Taylor. Das Wachsen eines Gotteswerkes* (Bd. 2) von Howard und Geraldine Taylor

Eine wirklich großartige Missionsbiografie in zwei Bänden. Als ich sie las, war es, als ob ich Taylors Erlebnisse noch einmal durchlebte. Mich beeindruckten seine unerschütterliche Sicherheit, dass Gott ihn nach China gerufen hatte, sein unkomplizierter Glaube daran, dass der Herr das gibt, wozu Er Seine Diener beauftragt, und seine gottgemäße Leitung der Mission, die dazu beitrug, dass sich Chinas Inland für das Evangelium öffnete.

Es gab eine Zeit, in der jeder, der über die China-Inland-Mission ausgesandt wurde, diese Biografie lesen musste. Schade, dass dieses Buch vergriffen ist.[9] Doch die Missionsarbeit geht weiter und wird heute unter dem Namen »Overseas Missionary Fellowship«[10] getan.

9 A.d.H.: Es gibt im Deutschen eine von Roger Steer verfasste Biografie (*J. Hudson Taylor. Im Herzen Chinas*).

10 A.d.H.: Seit einigen Jahren in Deutschland unter dem Namen »OMF International Deutschland« bekannt.

Charles T. Studd – Kein Opfer zu groß
von Norman Grubb

Das ist das Buch, das die Richtung meines Lebens komplett änderte. Eigentlich war es nur dieser eine Satz: *»Wenn Jesus Christus Gott ist und für mich starb, dann kann mir kein Opfer für Ihn zu groß sein.«* Dieses Motto riss mich schließlich aus der Welt des Bankwesens, sodass ich fortan viel größere Gewinne erzielen konnte.

Ich bin nie jemandem begegnet, der so ein Fanatiker für den Herrn Jesus war. Christus war für C. T. Studd der Erste und der Letzte – derjenige, der in Ewigkeit bleibt. Er wollte nicht, dass seine Verlobte ihn mehr liebte als ihren Retter. Er gab das Vermögen auf, das er geerbt hatte, um Christus nachzufolgen.

Studd war einer von Gottes außergewöhnlichen Mitarbeitern. Sie sind es, die etwas erreichen. Trotz seiner eigenartigen Methoden diente er unermüdlich und effektiv in China, Indien und schließlich in Afrika.

Die fünf Bücher Mose – Eine Bibelauslegung
von C. H. Mackintosh

Es ist schwer, den Wert von C. H. Mackintoshs Werken in meinem Leben einzuschätzen. Sie zeigen die geistliche Bedeutung der Schriften des Alten Testaments und wenden sie in unserem täglichen Leben an. Sie gehen über die Ebene von Fleisch und Blut hinaus und bringen uns in die Gegenwart des Allerhöchsten. Sie sind geschrieben worden, um die Leser zu lehren, wie sie in himmlischer Gesinnung wandeln und nach himmlischen Maßstäben leben können. Sie illustrieren, wie die Mosebücher »zu unserer Ermahnung geschrieben [worden sind], auf die das Ende der Zeitalter gekommen ist«[11].

Es wird schwierig sein, dieses Buch ernsthaft zu studieren, ohne sich zu verändern.

Es gab eine Zeit, als dieses Buch in der Bibliothek von fast jedem evangelikalen Prediger stand. Roy Gustafson, ein Evangelist, der mit Billy Graham zusammenarbeitete, sagte einmal zu mir: »Ich predige C.H.M.« Dwight L. Moody gab C.I. Scofield, dem Herausgeber der Scofield-Bibel, den Rat: »Mein lieber Scofield, wenn du etwas haben willst, was du den Leuten weitergeben kannst, dann lies die Werke von C.H.M.« H.A. Ironside sagte, dass neben der Bibel die Werke von C.H.M. die hilfreichsten für ihn waren.

Heiligung – Zerrbild und Wirklichkeit
von H.A. Ironside

Es ist kein Geheimnis, dass Dr. Ironside einen tiefen Einfluss auf mein Leben hatte. Meine früheste Erinnerung an ihn besteht darin, dass er zu uns kam und in der Versammlung predigte. Durch diesen Kontakt wurde er ein Freund der Familie. Während der Kriegsjahre besuchte ich ihn in der Moody Church, und nach dem Krieg

11 A.d.Ü.: 1.Korinther 10,11.

arbeitete ich ein oder zwei Jahre in einer christlichen Buchhandlung in Oakland, deren Geschäftsführer er war. Ich schätzte die Zeiten mit ihm, als ich ihn während seiner Besuche in Oakland zu den jeweiligen Orten fuhr, an denen er sprechen sollte.

Ich kann nicht eines seiner Bücher herausgreifen, das besser wäre als die anderen, also habe ich *Heiligung – Zerrbild und Wirklichkeit* als Beispiel für alle gewählt. In seinen frühen Jahren gehörte Ironside der Heilsarmee an. Dadurch geriet er unter den Einfluss der Lehre von sündloser Vollkommenheit – die besagt, dass ein Christ tatsächlich den Stand erreichen kann, in dem er nicht mehr sündigt. In seinem Bemühen, diesen Status zu erreichen, ist er nervlich und emotional fast zusammengebrochen. Einige christliche Brüder haben ihn im Genesungsheim besucht und ihm die Wahrheit über biblische Heiligung beigebracht. Er erzählt diese Geschichte in dem Buch *Heiligung – Zerrbild und Wirklichkeit*. Es sei mir gestattet, hier anzumerken, dass er nie seine Liebe zur Heilsarmee verloren hat. Er hat immer eine Bibel benutzt, die in rotem Leder eingebunden war – erstens, um die Kostbarkeit des Blutes Christi zu zeigen, und zweitens wegen seiner Liebe zur Heilsarmee.

Ironside hatte die Gabe, tiefgründige, auf Männer wie John Nelson Darby oder William Kelly zurückgehende Lehren zu nehmen und sie so vorzustellen, dass jeder sie verstehen konnte. Dann verfeinerte er das Ganze noch mit einer Illustration oder einem humorvollen Ereignis.

Die Menschen liebten H. A. Ironside, und er liebte die Gläubigen. Er war offen für alle. Er hatte einen freundlichen und liebenswürdigen Umgang mit Menschen. Und er hatte stets einen Sinn für Humor. Seine Bücher sind immer noch gefragt – Jahre, nachdem er aufgehört hat zu schreiben.

Georg Müller. Niemals enttäuscht
von Arthur Tappan Pierson

Mein Glaubensleben wurde durch dieses Buch sehr gestärkt. Müller war in außergewöhnlichem Maße ein Mann des Glaubens. Er gründete ein Waisenhaus in Bristol (England) – als ein Zeugnis für die Menschen in seinem Umfeld, dass es einen Gott im Himmel gibt, der Gebet erhört. Er war davon überzeugt, dass Gott ihn zu diesem Dienst berufen hatte, und genauso war er sich auch sicher, dass Gott ihn immer versorgen würde. Es gab Zeiten, da hatten die Kinder nichts zum Frühstücken. Müller stand im Speisesaal auf und dankte für das Essen. Gleich danach klopfte es an der Tür. Eine Bäckerei in der Nähe hatte zu viel Brot am Samstag gebacken, und der Besitzer wollte, dass die Kinder es bekommen.

Die Regel im Waisenhaus war, dass die Mitarbeiter niemals ihre Bedürfnisse mitteilten. Sie deuteten nicht einmal Bedürfnisse an. Und trotzdem wurden Tausende von Kindern über die Jahre hinweg versorgt. Der Herr füllte Georg Müller sogar so großzügig die Hände, dass er seinem Bruder im Glauben, Hudson Taylor, nach China Geld schicken konnte.

Zusätzlich zu diesem Buch gibt es neuere Biografien über ihn, wie z. B. die von Roger Steer.[12]

Bibellese am Morgen und am Abend von Charles Haddon Spurgeon

Noch einmal wähle ich ein Buch als Beispiel für andere aus. Dieses Buch ist ein tägliches Andachtsbuch, das ich mit großem Gewinn und viel Freude gelesen habe. Spurgeon wählt zwei Verse für jeden Tag und geht auf diese in seinem einzigartigen Stil näher ein.

Dieser Stil ist einfach. Er sagte: »Legt das Essen dorthin, wo die Lämmer es erreichen können, es wird den Schafen nicht wehtun, sich zu bücken.«

Wenn Prediger Spurgeon lesen, fliegen ihnen gute Gedanken zu, »als wären sie Schwalben, die am Scheunengiebel nisten«.

Spurgeon gab zu, dass er viele Ideen seiner Predigten aus den Büchern von anderen gewann. Er sagte darüber: »Ich melke die Kühe von anderen, aber ich mache meine eigene Butter.«

Dieser hervorragende Schreibstil hat ihn bei Tausenden beliebt gemacht.

12 A. d. H.: Roger Steer, *Georg Müller, Vertraut mit Gott*, Bielefeld: CLV, 3. korrigierte Auflage 2009. Inzwischen ist eine bearbeitete Neuauflage des im Haupttext erwähnten Buches erschienen: Arthur Tappan Pierson, *Georg Müller. Niemals enttäuscht*, Bielefeld: CLV, überarbeitete Auflage 2023.

Das neue Erwachen von Roy Hession

Als ich zum ersten Mal *Das neue Erwachen* gelesen habe, bewegte es mich nicht sehr. Ich war geistlich noch nicht bereit dafür. Jahre später las ich es, und es ergriff mich. Ich hatte davor noch nie über das Leben der Zerbrochenheit gelesen. Darüber wurde unter den Christen, die ich kannte, nicht gepredigt.

Hessions Auslegung von Lukas 17,7-10 ist unvergesslich. Er zählt die fünf Merkmale eines Sklaven wie folgt auf:

1. »Er muss bereit sein, alles anzunehmen, was ihm Stück für Stück auferlegt wird, ohne dass dabei an ihn gedacht wird.«
2. »Er muss bereit sein, dass ihm nicht dafür gedankt wird.«
3. »Wenn er dies alles getan hat, darf er seinen Meister nicht als selbstsüchtig bezeichnen.«
4. »Nachdem dies alles getan ist, gibt es keinen Grund, stolz zu sein oder sich selbst zu gratulieren. Wir müssen bekennen, dass wir unnütze Sklaven sind. Das heißt, dass in uns selbst kein Wert für Gott und Menschen ist.«
5. »Was unserem Selbst den letzten Schlag versetzt, ist der fünfte und letzte Schritt – das Anerkennen, dass das, was wir in Unterwürfigkeit und Demut getan und ertragen haben, nicht ein Strich mehr ist als unsere Pflicht.«

Wundert es dich, dass dieses Buch mich tief in meinem Innern überführt hat?

Bevor ich dieses Kapitel beende, muss ich noch einige andere Autoren erwähnen, die mir eine Hilfe waren.

Ich schätze F. B. Meyer und J. H. Jowett für ihre Fähigkeit, die großartigen Wahrheiten des christlichen Glaubens in hervorragende Sprache zu kleiden, die dich spüren lässt, wie großartig und atemberaubend sie sind.

A. W. Tozers Werke treffen ins Schwarze. Seine Botschaft ist die eines eindringlichen Mahners; sie brandmarkt Sünde sowie Oberflächlichkeit und ist ein Ruf an Gottes Volk, auf einer höheren geistlichen Ebene zu leben.

Sowohl Vance Havner als auch E. Stanley Jones verstanden es meisterhaft, die Wahrheit in prägnanter und unvergesslicher Weise auszuführen.

Wenn ich die Werke dieser Männer lese, muss ich oft innehalten und sagen: »Ich wünschte, ich hätte das geschrieben.«

4. Zehn bemerkenswerte Gebete

Der Tod meiner Mutter

Im Dezember 1939 kam meine Mutter wegen bösartiger Anämie zur Behandlung ins Krankenhaus. Einen Tag, bevor sie planmäßig entlassen wurde, entschied der Arzt, ihren Magen zu untersuchen, um die Ursache der Anämie herauszufinden. Während der Untersuchung durchstach er ihren Magen mit dem Gastroskop. Es wurde eine Not-Operation durchgeführt, um die unmittelbar drohende Gefahr abzuwenden. Trotzdem kam es bei ihr zehn Tage später zu einer ernsthaften Infektion.

Damals war Penizillin noch nicht entdeckt worden, und wären einige der zur Verfügung stehenden Antibiotika eingesetzt worden, hätten sich ihre Blutwerte verschlechtert. Die nächsten sechs Monate bekämpfte man Infektionen an verschiedenen Stellen. Mehrere Male, als ihre Körpertemperatur sank und sie fast entlassen werden konnte, kam das Fieber wieder zurück. Nach einem halben Jahr Krankenhausaufenthalt und einer emotionalen Achterbahnfahrt für die ganze Familie wurde ihr Zustand kritisch. Wir haben unablässig und inständig für nur eine Sache gebetet – ihre Heilung.

An einem Sonntagabend nach der Versammlung kamen die Ältesten und deren Frauen zu uns, um uns in unserem Kummer zu besuchen. Es war für jeden eine dunkle Zeit. Am Ende des Besuchs sagte einer der

Ältesten »Meine lieben Geschwister, es kommt der Zeitpunkt, an dem wir aufhören sollten, für unseren Willen zu bitten, und den Herrn bitten sollten, dass Sein Wille geschehe.«

Daraufhin gingen wir dort im Wohnzimmer alle auf unsere Knie. Mein Vater betete und befahl meine Mutter dem Willen Gottes an. Ich betete als Nächster und gab meinen Willen Seinem hin.

Als mein Bruder gerade anfing zu beten, klingelte das Telefon.

»Hier spricht das ›Massachusetts General Hospital‹. Wenn Sie Mrs MacDonald noch einmal sehen wollen, sollten Sie sich beeilen. Sie fällt gerade in ein Koma.«

Wir beeilten uns, aber als wir ankamen, befand sie sich schon im Koma. Die Infektion hatte sich auf ihre Nieren ausgedehnt, und es gab nichts mehr, was man ärztlicherseits tun konnte. Ein paar Tage später ging sie heim, um bei unserem Herrn zu sein. Für uns war die Bitterkeit des Todes vorbei. Wir hatten den Herrn um Seinen Willen gebeten, und Er hatte ihn auf eindrückliche Weise gezeigt.

Wir lernten eine wichtige Lektion. Abzuscheiden, um beim Herrn zu sein, ist besser, als in einem Krankenhausbett für eine Zeit von ungewisser Dauer zu leiden. Gottes Wille ist stets am besten. »Gott – sein Weg ist vollkommen« (Psalm 18,31a).

Das kürzeste Gebet

Gebete müssen nicht lang sein. Ein Gebet von Petrus bestand aus nur drei Worten. Als er dachte, er würde ertrinken, schrie er in Panik: »Herr, rette mich!« (Matthäus 14,30b). Das reichte aus.

Ein Gebet, an das ich mich erinnern kann, war nur ein Wort. Tom Stacy und ich waren zur Evangelisation in Schottland. An jenem Tag nahmen wir uns eine Auszeit, um eine Cousine und ihren Mann in Edinburgh zu besuchen. Auf der Schnellstraße von Glasgow nach Edinburgh gab es ein Teilstück, das »Killery« (»Todesstraße«) genannt wurde. Das war ein treffender Name für diese Strecke. Es gab drei Fahrspuren, zwei für normale Leute und die mittlere für Lebensmüde, die zu überholen wagten. Diese »Killerstrecke« hatte schon so vielen Menschen das Leben gekostet.

Irgendwo auf dieser Strecke fuhren wir hinter einem ziemlich großen, langsamen Lastwagen her. Tom tat, was jeder normale Fahrer gemacht hätte: Er wechselte hinter dem Lastwagen auf die mittlere Fahrspur, um zu überholen. Dann sahen wir ein Auto aus der anderen Richtung auf derselben Fahrspur. Keine Ahnung, wie weit es entfernt war. Ich will gar nicht darüber nachdenken.

Gleichzeitig riefen Tom und ich zu Gott. Ich weiß nicht mehr, was ich gesagt habe. Es war nicht Zeit für mehr als ein Wort. Ich kann mich nicht mehr daran erinnern, ob meines »Herr« oder »Hilfe« war.

Im Bruchteil einer Sekunde waren wir wieder hinter dem Lastwagen. Es war, als wäre ein Wunder geschehen. Zwar ist Tom ein guter Fahrer mit schneller Reaktion, aber unsere augenblickliche Rettung konnte nicht auf sein rasches Reagieren zurückgeführt werden. Wir waren überzeugt, dass ein unsichtbarer Engel die Kontrolle über das Lenkrad hatte und uns davor bewahrt hatte, in einer Masse von verbogenem Stahl und zersplittertem Glas zerquetscht zu liegen.

Der entgegenkommende Pkw war bereits an uns vorbeigeschossen – immer noch auf der mittleren Fahrspur. Für den Fahrer dieses Pkw befanden sich wohl zu viele Autos auf der rechten Spur, sodass ein Einordnen auf die normale Fahrspur für ihn nicht infrage kam.

Wir waren atemlos und zitterten. Erfreulicherweise gibt es diese mittleren Fahrspuren nicht mehr. Wir haben sie überlebt.

»Bitte, was ich dir geben soll!«

Als ich 30 Jahre alt wurde, traf es mich tief, dass dies das Alter war, in dem der Herr Seinen öffentlichen Dienst begann. Sein irdischer Dienst war dreieinhalb Jahre später abgeschlossen. Ich fragte mich selbst: »Was tust du mit deinem Leben?«

Zu dieser Zeit las ich in 1. Könige 3, wie der Herr Salomo in Gibeon erschien und sagte: »Bitte, was ich dir geben soll.« Mir schien, dass der Herr Salomo einen Blankoscheck gab. Er durfte ihn selbst ausfüllen.

Ich hörte keine Stimme, aber ich hatte den Eindruck, dass der Herr dasselbe zu mir sagte: »Was sind deine Ziele im Leben? Was willst du erreichen?«

Nach einer ausführlichen Gewissensprüfung schrieb ich einige der Ziele auf, die hohe Priorität hatten.

Das erste bestand in Folgendem: Ich wollte das Neue Testament studieren, bis ich zu jedem Vers eine Erklärung mit meinen eigenen Worten schreiben konnte. Das war für mein geistliches Wachstum gedacht. Ich dachte nicht darüber nach, dass das Ganze je veröffentlicht werden könnte.

Ich hatte immer ältere Brüder in meiner Versammlung bewundert, die ihre Bibel kannten. Ich habe ihnen nie eine Frage gestellt, die sie überrumpelt hätte. Sie hatten sich schon mit der Frage beschäftigt und konnten mir eine nachvollziehbare Erklärung geben. So ein Bibelwissen wollte ich ebenfalls haben.

Als Nächstes bat ich den Herrn, dass ich fähig würde, das Evangelium zu verkündigen, obwohl ich zu dem Zeitpunkt wusste, dass ich kein Evangelist war. Und ich wollte mir bei der Weitergabe der Lehren der Heiligen Schrift noch weitere Befähigungen aneignen. Das war der Dienst, in dem ich bereits gute Erfahrungen gesammelt hatte – der Dienst, in dem ich (um einen Glaubensbruder zu zitieren) »das Maximum an Effektivität mit dem Minimum an Ermüdung« hatte.

Ein anderer Punkt auf meiner Wunschliste war ein Dienst, in dem ich Traktate schreiben könnte. Den Blick dafür habe ich von Tom Olson bekommen, der ein produktiver Traktat-Schreiber und guter Freund war. Sein

Schwager, R. G. LeTourneau, Hersteller von Erdbaumaschinen, finanzierte viele Jahre lang die Traktate.

Ich bin sicher, dass ich Gott noch mehr Ziele hingelegt hatte, aber das waren die wichtigsten.

Vielleicht erscheint der Herr jedem Gläubigen irgendwann und fragt ihn, was er im Leben erreichen will. Und vielleicht bestimmt seine Antwort, was aus ihm wird.

Höhenwirbel

Es war ein klarer Tag als ich südlich von Chicago im Flugzeug unterwegs war. Die Flugbedingungen schienen ideal. Im Flugzeug befanden sich viele Passagiere, die unterwegs in den Urlaub im sonnenscheinreichen Florida waren. Ich wollte in Miami in ein Flugzeug umsteigen, das mich auf die Bahamas bringen würde, wo ich Vorträge halten sollte.

Die Flugbegleiterinnen servierten das Mittagessen. Als wir über Kentucky waren, versuchte die Maschine, durch wilde Flugmanöver auf Kurs zu bleiben. Daraufhin eilten die Flugbegleiterinnen zu ihren Plätzen und schnallten sich an. Das war weise von ihnen. Wir waren in einen Höhenwirbel geflogen – ein Wetterphänomen, das auf dem Radar nicht festgestellt werden kann. Wenn das Flugzeug einmal da hineingerät, muss der Pilot immer weiterfliegen, weil er nicht weiß, wann er das Zentrum erreicht hat.

Das Flugzeug wurde wie eine Feder im Wind herumgewirbelt. Das Geräusch der Düsen wechselte bedrohlich.

Und dann sackte das Flugzeug um fast 1000 Meter ab. Der Fall war nicht so schlimm, aber als er abrupt aufhörte und wir wieder anfingen zu steigen, hörte es sich so an, als ob wir abstürzen würden. Das Flugzeug zitterte. Mir wurde später gesagt, dass die Flügel sich an der Spitze um vier Meter bogen. Wäre das nicht der Fall gewesen, wäre das Flugzeug auseinandergerissen worden. Speisereste flogen durch die Luft, trafen die Passagiere oder landeten auf dem Boden. Die Kopfstütze vom Sitz gegenüber wurde auf den Gang geschleudert.

All die gut gekleideten Passagiere kreischten jedes Mal im Chor, wenn das Flugzeug heftig durchgeschüttelt wurde. Wenn wir nach unten tauchten, wurden die Schreie lauter. Es war die reine Panik. Aus dem Cockpit kam kein Wort.

Für mich war das Faszinierendste, dass ich Frieden erlebte. Es war ein übernatürlicher Frieden, der nicht aus mir selbst kam. Es war »der Friede Gottes, der allen Verstand übersteigt« (Philipper 4,7a). Ich beugte meinen Kopf und sagte: »Herr, ich hatte ein wunderbares Leben. Ich danke Dir für alle Segnungen, die Du mir hast zuteilwerden lassen. Ich danke Dir für den Dienst, den Du mir gegeben hast. Nun ist mein Dienst vorüber. Ich übergebe Dir mein Leben.«

Ich hatte keine Ahnung, wie lang wir uns in dem Höhenwirbel befanden. Es schien mir wie eine Ewigkeit vorzukommen. Dann fingen wir an, wieder normal zu fliegen. Einige Zeit später entschuldigte sich der Pilot für das, was wir durchgemacht hatten (als ob es seine Schuld gewesen wäre).

Die Frau neben mir schaute in ihre offene Einkaufstasche und fragte: »Ist das Ihr Nachtisch in meiner Tasche?« Ich genoss den Humor der Situation und antwortete: »Nein, mein Nachtisch liegt auf dem Gang.«

Als wir in Tampa landeten, beschlossen viele Passagiere, dass es für sie Zeit war, das Flugzeug zu verlassen. Als Angestellte der Fluggesellschaft einstiegen und das Durcheinander in der Economy-Klasse sahen, ermöglichten sie es uns, für den Rest des Fluges nach Miami die Plätze in der ersten Klasse einzunehmen.

Ja, es war ein erschütterndes Erlebnis, aber es war es wert. Es war es wert, einen übernatürlichen Frieden gerade dann zu erleben, wenn man ihn braucht. Und es verlieh mir die feste Gewissheit, dass ich auch beim Sterben Gottes gnädigen Beistand haben würde, wenn es so weit wäre – natürlich nur, wenn die Entrückung nicht zuvor stattfindet.

Doug Danford

Doug und ich trafen uns zum ersten Mal, als wir beim Naval Air Transport Service[13] im Zweiten Weltkrieg dienten. Er verbrachte die meiste Zeit mit Flügen zu Zielen im westpazifischen Raum, aber immer, wenn er zurückkam, trafen wir uns auf dem Volleyballplatz oder waren gemeinsam essen. Auf meine zögernde Weise versuchte ich, ihm Zeugnis zu geben. Falls es ihn gestört hatte, hatte

13 A. d. H.: Im Zweiten Weltkrieg eingerichtete Dienststelle der US-Armee zur Unterstützung der Marine.

er es nie gezeigt, und er wollte auch nie die Freundschaft beenden. Weil er immer wiederkam und weiter Zeit mit mir verbringen wollte, wurde ich ermutigt, weiter für ihn zu beten.

Manchmal zog er mich wegen meines christlichen Glaubens auf, aber es war klar, dass er meine Überzeugungen respektierte. Eines Abends aßen wir gemeinsam in einem Restaurant am Jack London Square. Als wir den Hauptgang beendet hatten, fragte die Kellnerin, was wir als Nachtisch wollten.

Doug sagte: »Ich werde einen Daiquiri nehmen.«

Ohne dass ich die geringste Idee hatte, was ein Daiquiri war, sagte ich: »Machen Sie zwei draus.«

»Nein«, wies er die Kellnerin an: »Nur einen.« Dann, sich zu mir wendend, sagte er: »Bestell etwas anderes.«

Er wusste, dass ich als Christ keinen Daiquiri bestellt hätte, wenn ich gewusst hätte, dass es ein Rum-Cocktail war.

Nachdem der Krieg vorbei war, blieben wir in Verbindung. Er heiratete und wurde Vater von drei reizenden Töchtern.

Jedes Mal, wenn ich ein Buch schrieb, schickte ich ihm ein Exemplar. Ich weiß, dass er jedes gelesen hat. Zwei- oder dreimal schickte ich ihm ein Manuskript, bevor es herausgebracht wurde, und bat ihn um Verbesserungsvorschläge. Weil er eine Schriftstellerkarriere eingeschlagen hatte, konnte er einige wertvolle stilistische Vorschläge geben.

Wenn es an mir gelegen hätte, wäre der Kontakt manchmal abgebrochen. Aber er ließ das nicht zu. Er ließ den Kontakt immer wieder aufleben. Und wieder war ich ermutigt, weiter für ihn zu beten.

Zu verschiedenen Anlässen reisten seine Frau und er nach Kalifornien, um ihre verheiratete Tochter zu treffen. Sie vergaßen nie, auch mich zu besuchen.

Einmal zu Weihnachten bekam ich nicht wie gewöhnlich eine Karte von Doug. Im Januar rief ich an und erfuhr, dass mein Freund an Krebs litt. Es hörte sich so an, als ob es bald zu Ende sein würde.

Es dauerte nicht lange, als seine Frau mich anrief und mir mitteilte, dass er gestorben sei. Ich war sehr traurig. Derjenige, mit dem ich über 50 Jahre lang befreundet gewesen war, war gestorben. Ich suchte nach ein paar ermutigenden Worten und fragte seine Frau, ob er irgendetwas über seinen Glauben gesagt hatte, bevor er starb. Sie sagte, dass er sich nach den Schriften eines indischen Gurus (an dessen Name ich mich nicht mehr erinnern kann) gerichtet hatte. Ich war innerlich zutiefst getroffen.

An diesem Punkt wird jemand sagen: »Ich habe gedacht, du erzählst davon, wie Gott Gebete erhört. Und jetzt berichtest du davon, dass du 50 Jahre lang gebetet hast und offensichtlich nicht erhört worden bist. Wie erklärst du das?«

Ich erkläre es wie folgt: Gott hat den Menschen mit einem freien Willen geschaffen. Er ist kein Roboter. Er kann sich dafür entscheiden, Gottes Weg der Errettung anzunehmen, oder er kann ihn zurückweisen. Der Herr rettet Menschen nicht gegen ihren Willen. Er bevölkert den Himmel nicht mit Menschen, die nicht dort sein wollen. Er missachtet nicht den Willen einer Person, indem Er sie zwingt zu glauben.

Aber ich glaube, dass der Herr jedes Mal, wenn ich für Doug gebetet habe, auf irgendeine Weise zu ihm geredet hat. Vielleicht hat ihm jemand ein Traktat gegeben. Vielleicht hat jemand mit ihm über Gott geredet. Vielleicht hat er das Evangelium im Rundfunk gehört oder wurde mit ihm – was unwahrscheinlicher ist – im Fernsehen konfrontiert. Vielleicht hat er Johannes 3,16 auf einen Felsen gemalt gesehen. Oder vielleicht hat Gott entsprechende Erinnerungen in ihm wachgerufen, um einige der Gespräche wieder hervorzubringen, die wir vor Jahren hatten. Auf die eine oder andere Weise hat Gott meine Gebete erhört, aber offensichtlich hat Doug sich nicht dafür entschieden, den Retter anzunehmen.

Jahre des Gebets – und dann die Last auf den Herrn werfen

Diese Geschichte handelt von einem nahen Verwandten, den wir Kevin nennen. Er nahm das Evangelium an, als er noch jung war, und war auf die Dinge bedacht, die droben sind. Nachdem er die Highschool beendet hatte, meldete er sich in einer Bibelschule an.

Er setzte seine theologische Ausbildung fort, bis er schließlich Baptistenpastor wurde. Gegen den Rat seiner Eltern heiratete er eine junge Frau, die er während seiner Ausbildung kennengelernt hatte. Die beiden gingen von einer Gemeinde zur nächsten, indem sie jedes Mal hofften, dass der Wechsel die Lösung für ihre schwierige Ehe wäre. Aber dies war nicht der Fall. Die Ehe endete mit einer Scheidung, die zwei Kinder hinterließ, die nun kein richtiges Zuhause mehr hatten und von einem Elternteil zum anderen geschubst wurden.

Kevin war weiterhin Pastor, aber seinem Dienst fehlt die Vollmacht. Er hatte keine Gemeinschaft mit dem Herrn mehr. Er hatte kein gutes Zeugnis.

Er beschloss, Geistlicher beim Militär zu werden. Das – so meinte er – würde sein Problem lösen. Aber das war nicht der Fall. Er hatte eine Gewohnheitssünde, die ihn verfolgte – überall, wohin er ging.

Dann heiratete er wieder. Die Jahre, die folgten, waren ein Albtraum. Die Ehe war ein Bürgerkrieg. Als Geistlicher gab er psychologisches Gedankengut weiter. Aber was das Evangelium betraf, waren seine Lippen verschlossen. Seinen Worten folgten keine Taten.

Auch die zweite Ehe endete vor dem Scheidungsgericht.

Christliche Verwandte, die über alles Bescheid wussten, was geschehen war, wussten nicht mehr weiter. Sie litten jahrzehntelang darunter, dass Kevins Leben Kummer, Sorge und Schande mit sich gebracht hatte. Warum waren sie so betroffen? Sie hatten nichts falsch gemacht. Ja, und doch belastet die Sünde eines Gläubigen oft andere, die unschuldig sind, denen der Betroffene aber nicht gleichgültig ist.

So war es auch mit mir. Ich hatte die Last jahrelang auf meinen Schultern getragen. Ich behandelte die Probleme, als wären sie meine eigenen, war aber nie imstande, sie zu lösen.

Schließlich wandte ich mich eines Tages im Gebet an den Herrn: »Herr Jesus, es ist mir zu viel. Das Leben anderer Menschen ist mir immer wieder durch den Kopf gegangen. Ich bin aufgewühlt, wenn ich darüber nachdenke. Du hast in Deinem Wort gesagt: »Alle eure Sorge werft auf ihn; denn er sorgt für euch« (1. Petrus 5,7; Luther 1984). Ich will mich zurückziehen und Gemeinden sowie einzelnen Gläubigen keine geistlichen Ratschläge mehr geben. Vergib mir, dass ich Dich von Deinem Platz verdrängt habe. Ich werfe all die aufreibenden Sorgen auf Dich.«

Zwei Dinge sind fast unmittelbar darauf passiert. Der Herr brachte einen neuen Gläubigen in Kevins Leben, und bald war dieser junge Mann Gottes Mittel für Kevins geistliche Erneuerung. Der Herr gab mir den Frieden, der sich einstellt, wenn man Ihn den Sorgenträger sein lässt.

Erstellung des Bibelkommentars – satanischer Widerstand

Es war viel Arbeit damit verbunden, den Bibelkommentar zu erstellen. Man fragt mich oft: »Wie lange hat es gedauert, den Kommentar zu schreiben?« Die wahre Antwort ist: »Lebenslänglich.« Es war nicht leicht, die verschiedenen Ausführungen zu den einzelnen Bibelbüchern miteinander zu vereinen. Ich hatte vier verschiedene Bibelübersetzungen benutzt. Diese Wiedergaben musste ich dem Wortlaut der *New King James Version* angleichen. Dann musste der gesamte Text in den Computer eingegeben werden.

Das am Computer erstellte Layout steckte in diesen Tagen noch in den Kinderschuhen. Es gab verschiedene Phasen in dem Prozess, in denen jeweils eine andere Software benutzt wurde. Jedes Mal, wenn die Software gewechselt wurde, tauchten neue Fehler auf. Oft verhielten sich die Computer so, als ob sie von Dämonen besessen waren. Es gab häufig technische Störungen und viele postalische Verzögerungen. Wenn es etwas gab, was misslingen konnte, dann war das bei unserer Arbeit der Fall.

Ed und Gertrud Harlow trugen die Hauptlast der Frustration, weil sie den Text für den Fotosatz vorbereiteten. Ed schrieb mir, dass er in all seinen Jahren als Missionar in Afrika nie solch einen satanischen Widerstand erlebt hatte. Es war offensichtlich, dass es jemanden gab, der nicht wollte, dass dieser Kommentar entsteht.

Die Layout-Arbeiten waren sehr turbulent. Wir stießen auf Hardware-Probleme. Dabei waren wir uns einig, dass wir uns satanischem Widerstand gegenübersahen.

Wir fanden heraus, dass wir bei der Großschreibung nicht einheitlich gearbeitet hatten, was auch für die Zeichensetzung, den Gebrauch von Fettdruck, die Kursivschrift und die Auslassungszeichen galt. Deswegen mussten wir noch einmal den gesamten Text durchgehen. Es gab Zeiten, in denen wir am liebsten das Handtuch geworfen hätten, auch wenn wir es nicht gewagt hatten, lange darüber nachzudenken.

Wir waren gezwungen, ins Gebet zu gehen. Wir waren am Ende unserer Kräfte und Möglichkeiten. Wenn es stimmt, dass die besten Gebete von einer großen inneren Not ausgehen, dann würden unsere Gebete den Thron der Gnade erreichen.

Am 6. Januar 1989 korrigierte ich die letzten Seiten. Der Tag war zum Verzweifeln. Es war die passende Zeit für Gott, um einzugreifen. In meiner Post fand ich eine ansprechend gestaltete Verskarte, die in den regelmäßigen Missionsnachrichten von OM enthalten war. Der Vers lautete:

> »Sei stark und mutig und handle; fürchte dich nicht und erschrick nicht! Denn Gott der HERR, mein Gott, wird mit dir sein: Er wird dich nicht versäumen und dich nicht verlassen, bis alles Werk zum Dienst des Hauses des HERRN vollendet ist« (1. Chronik 28,20).

Das sprach laut zu mir: »Er wird sich darum kümmern, dass alles in der rechten Weise vollendet wird.«

Der Zeitplan des Herrn war perfekt – er ist immer vollkommen. Das war die Ermutigung, die wir gebraucht hatten. Entschlossen kämpften wir uns vorwärts, obwohl uns die Winde entgegenstanden.

Die Arbeit wurde beendet, wie der Herr verheißen hatte, und es waren nur noch wenige Korrekturen nötig.

Wir sind immer noch erstaunt darüber, dass Gott die Leute von OM dazu bewegt hat, diese wunderschön gestaltete Karte mit so einem unbekannten Vers aus 1. Chronik zu verschicken. Und dass sie die Karte am richtigen Tag verschickt haben, sodass sie uns genau dann erreichte, als wir diesen Vers am meisten brauchten. »Wie unerforschlich sind seine Gerichte und unergründlich seine Wege!« (Römer 11,33b).

Geschäft des Jahrhunderts

1954 zeichnete es sich deutlich ab, dass die Emmaus-Bibelschule vom alten Standort in Chicago an einen Ort mit besseren Räumlichkeiten umziehen sollte. Aber die Frage war natürlich: »Wohin?«

Als ich eines Tages ein gewöhnliches Telefonat führte, fragte mich mein Freund Harold Shaw, ob ich wüsste, dass ein neues YMCA-Gebäude in Oak Park gebaut und das alte verkauft werden würde. Ich stellte ihm sofort eine Vielzahl von Fragen, aber er wusste keine Antworten.

Ich wusste, dass der Sekretär des YMCA ein wiedergeborener Christ namens Rupert O'Brien war. Postwendend bat ich um ein Gespräch mit ihm. Nach den einleitenden Freundlichkeiten fragte er mich, ob ich seinen Vater gekannt habe, der ein geschätzter Prediger gewesen war in den Gemeinden, mit denen ich verbunden war. Ich kannte ihn jedoch nicht. Also versuchte ich meinerseits, eine Verbindung herzustellen. Weil sein Vater aus Duluth war, wollte ich einfach einmal einen Vorstoß wagen und sagte: »Ich hatte einen Onkel in Duluth. Ich frage mich, ob Sie ihn gekannt haben. Sein Name war John MacDonald, und er war der Manager des Spaulding-Hotels.« Rupert sprang auf, kam hinter seinem Schreibtisch hervor, streckte mir seine Hand entgegen und sagte: »John MacDonald – mein engster Freund auf der ganzen Welt.«

Da wusste ich, dass der Herr mit uns war und dass Mr. O'Brien auf unserer Seite stand. Das Eis war gebrochen.

Nun kamen wir zum geschäftlichen Teil. Er sagte: »Ich verstehe, dass Sie über das Gebäude sprechen wollen. Wahrscheinlich wird als Erstes stets die Frage gestellt: ›Habt ihr Geld?‹«

Obwohl diese Frage zwangsläufig kommen würde, musste ich ihr zunächst ausweichen. So sagte ich: »Mr. O'Brien, wenn der Preis stimmt, sollte das kein Problem sein.«

Ich beabsichtigte nicht, ihm mitzuteilen, dass unser Kontostand an diesem Tag 400 Dollar betrug. Das war nicht ungewöhnlich für uns. Eigentlich war es die Art, wie wir lebten. Wir hatten selten Überschuss, aber wir konnten immer unsere Rechnungen bezahlen. Unsere Kreditwürdigkeit war gut: Wir vertrauten dem Herrn, dass Er uns versorgen würde, und Er hat uns nie enttäuscht.

Nun waren wir bereit, die Verhandlungen für den Kauf des YMCA-Gebäudes zu beginnen, komplett ausgestattet mit Schlafräumen, Büroräumen, Sporthalle, Schwimmbecken und Billardraum. Es war ideal für eine Bibelschule.

Wir begannen, inständig zu beten, und sagten all unseren Freunden, dass sie sich uns anschließen sollten, den Thron der Gnade zu bestürmen. Wir erklärten

Mr. O'Brien, dass das Gebäude das wert war, was sie verlangten, wir aber nicht die erforderlichen Mittel dafür hatten. Unserem deutlichen Eindruck zufolge wollte er, dass wir das Gebäude bekommen, aber die Entscheidung lag in der Hand des Vorstands. In emotionaler Hinsicht waren wir wie Jo-Jos – an einem Tag oben, am nächsten unten.

Ich glaube, wir haben den Vorstand durch unsere Hartnäckigkeit ermüdet. Aber das, was das Geschäft wirklich besiegelt hat, waren die Gebete der Mitarbeiter und Freunde der Schule. Das YMCA-Gebäude war nun Eigentum der Emmaus-Bibelschule für den lächerlich geringen Preis von 100 000 Dollar. Unser Immobilienmakler bezeichnete das Ganze als »einen Diebstahl«.

Jetzt war es an der Zeit, das Gebäude in Chicago zu verkaufen. Der Immobilienmarkt in dieser Gegend war eingebrochen, und die Zeichen standen sehr auf Pessimismus. Aber Gott … Der Herr arbeitete an dem Herzen eines griechischen Restaurantbesitzers, der an uns herantrat, als er hörte, dass wir umziehen. Der Preis, den er zahlte, half uns sehr, die Kosten für das Gebäude in Oak Park aufzubringen.

Aber Gott hatte noch Weiteres vor. Das YMCA-Gebäude hatte 100 Spinde für den Keller des neuen Gebäudes gekauft. Mr. O'Brien erinnerte mich immer wieder daran, dass sie nicht in unserem Kauf inbegriffen waren, und ich versicherte ihm jedes Mal, dass ich es nicht vergessen würde.

Ich erwähnte den Billardraum. Eigentlich umfasste er sowohl Billard- als auch Pooltische, die wir nicht wollten. Wir brauchten den Platz für eine Bibliothek. Aber sie waren zu schwer für uns, als dass wir sie allein hätten entfernen können. Ich rief drei Unternehmen in Chicago an, um zu fragen, ob sie Interesse am Kauf hätten. Zwei wollten nicht einmal kommen, um sie anzuschauen. Das dritte bot widerwillig an, zu kommen und sie sich anzuschauen. Und noch widerwilliger bot man uns dort für die drei Tische 400 Dollar an. Ich denke, wir hätten ihnen sogar etwas gezahlt, wenn sie diese einfach abgeholt hätten.

Nun kommen wir zurück zu den Spinden. Mr. O'Brien rief an und sagte: »Erinnern Sie sich daran, dass die neuen Garderobenschränke nicht Teil des abgeschlossenen Verkaufs sind?«

»Ja, Mr. O'Brien, sie gehören zu dem neuen YMCA-Haus.«

»Genau«, sagte er, »aber sie sind zu hoch für den Standort im Gebäude, den wir für sie ausgesucht haben. Wären Sie bereit, sie für 400 Dollar abzukaufen?«

Wir kauften sie mit den 400 Dollar, die wir für den Verkauf der Pooltische bekommen hatten. Es war ein Superangebot, das wir nicht ablehnen konnten.

Das waren Tage mit vielen anregenden geistlichen Erfahrungen, die davon zeugen, dass Gott Sein Volk versorgt und führt, wenn es jeden Tag danach strebt, mit Ihm zu gehen.

Grünes Licht für Europa

Wir treffen die meisten Entscheidungen im Leben, ohne den Herrn um ein bestimmtes Zeichen zu bitten. Wir haben die allgemeine Richtlinie Seines Willens in der Bibel. Wir haben Prinzipien im Wort, die uns führen. Wir haben den Geist Gottes, der in unseren Herzen wirkt. Aber an manchen Scheidewegen im Leben ist es wichtig, dass wir eindeutig wissen, was der Herr von uns will. Für mich zählen zu solchen Entscheidungen beispielsweise Veranstaltungen in Übersee. Bevor ich in ein Flugzeug steige, will ich sicher sein, dass diese Reise Gottes Plan für mich entspricht.

George Verwer hatte mir geschrieben und mich eingeladen, ein Bibelseminar auf dem Missionsschiff »Logos« zu halten. Ich hatte dafür gebetet, aber keinen Frieden bekommen. Ich hatte nämlich die Befürchtung, dass es keine Kontinuität in den Unterrichtsstunden geben würde, weil sich die Zusammensetzung der Mannschaft die ganze Zeit über entsprechend dem Schichtwechsel ändern würde. Ich hätte nie dieselben Zuhörer. Dennoch hatte ich die Freiheit, nach Europa zurückzukehren, um dort andere Dienste auszuführen.

Nachdem ich dem Herrn die Sache hingelegt hatte, schrieb ich George, wie der Herr mich geführt hatte. Bibelseminar auf dem Schiff – Nein. Andere Dienste in Europa – Ja. Aber ich hatte noch keine absolute Gewissheit.

Als ich das Haus verließ, um zur Post zu gehen, sah ich einen gelben Zettel von der Post an meiner Tür kleben.

Der Briefträger hatte versucht, mir einen Einschreibebrief zuzustellen, aber ich war nicht zu Hause.

Als ich zur Post kam, holte ich den Einschreibebrief ab. Er war von einem russischen Glaubensbruder geschrieben worden, der im Hilton Hotel arbeitete. Durch den Brief ermutigte er mich, nach Europa zu reisen und meinen Dienst dort fortzusetzen. Er erwähnte speziell die Länder hinter dem Eisernen Vorhang. Um die Reise zu ermöglichen, schickte er einen Scheck im Wert von 1000 Dollar mit. Es war Geld, das ihm gerade von der Rentenversicherung ausgezahlt worden war. Das war die Bestätigung vom Herrn, die ich gebraucht hatte. Ich konnte nach Europa reisen, indem ich die Zuversicht hatte, dass dies Seine Führung für mich war.

Geheilt und gerettet

1922 zog Familie MacDonald auf die Insel Lewis, die vor der Nordwestküste Schottlands liegt. Es war die Heimat meiner Eltern. Der Plan bestand darin, dass Vater lang genug bleiben sollte, um viele der Verwandten zu treffen, und dann in die USA zurückreisen würde, um seine Arbeit wiederaufzunehmen. Mutter und wir zwei Jungen würden für ein Jahr bleiben.

Zu diesem Zeitpunkt kam ich in die erste Klasse. Allerdings wurde mein Schuljahr abrupt unterbrochen, als ich Diphtherie bekam – eine ansteckende Erkrankung, die damals oft tödlich endete. Ich war außerordentlich krank. Ich weiß nicht, ob das, was ich jetzt erzählen werde, aus meinen eigenen Erinnerungen stammt oder ob es mir danach berichtet wurde. Wahrscheinlich Letzteres.

Weil man mit meinem Tod rechnete, stellte man einen Wagen in die Ecke des Hofes, um meinen Sarg zum Friedhof bringen zu können. Es herrschte die allgemeine Überzeugung, dass ich nicht überleben würde. Die Verwandten hatten inständig gebetet, dass Gott ein Wunder schenken möge. Ich kann nicht sagen, dass ich gebetet hatte. Ich war zu krank, als dass ich hätte beten können. Ich musste mich auf die Gebete anderer verlassen.

Zu dieser Zeit gab es in unserem Umfeld noch keine Impfung für diese Erkrankung. Die medizinische Hilfe war spärlich. Das Ende kam näher. Die Leute im Haus sprachen mit gedämpfter Stimme.

Eine Membran bildete sich in meinem Kehlkopf, was mir die Luftzufuhr abschnitt.[14] Meine Mutter musste mir den Rücken zuwenden, weil sie nicht mitansehen konnte, wie ich meinen letzten Atemzug tat. In diesem Moment klopfte es an der Tür. Es war mein Onkel Murdo MacDonald, der im nächsten Dorf wohnte. Er war ein Gläubiger, der tief in seiner Beziehung zu Gott verwurzelt war. Er wohnte unter dem Schirm des Höchsten.

»Was gibt's, Murdo?«

»Jessie, ich bin gekommen, um dir zu sagen, dass dein Junge nicht sterben wird. Er wird leben. Und eines Tages wird Gott seine Seele retten.«

Ich weiß nicht, was meine Mutter in diesem Moment gedacht hat. Es schien offensichtlich, dass ihr Junge ster-

14 A.d.H.: Bei Diphtherie bilden sich sogenannte Pseudomembranen (lederartige braune Beläge im Kehlkopf und in der Luftröhre).

ben würde, und hier war ein Mann, der sagte, er werde nicht sterben.

Murdo setzte sich mit meiner Mutter an den Tisch und erklärte das. Er hatte zu Hause am Kamin die Bibel gelesen, und zwar in Psalm 91. Dabei war er zu Vers 15 und 16 gekommen:

> Er wird mich anrufen, und ich werde ihm antworten,
> ich werde bei ihm sein in der Bedrängnis;
> ich werde ihn befreien und ihn verherrlichen.
> Ich werde ihn sättigen mit Länge des Lebens
> und ihn schauen lassen meine Rettung.

Mein Onkel nahm das als Verheißung in Anspruch. Ich würde ein langes Leben haben. Und eines Tages würde Gott meine Seele retten. Als er das gelesen hatte, zog er seinen Mantel an und eilte herüber, um die Nachricht zu überbringen.

13 Jahre später bekehrte ich mich zu Gott, während ich das letzte Jahr an der Highschool war.

Während ich diese Zeilen schreibe, sehe ich meinem 87. Geburtstag in einem Monat entgegen. Das ist ein langes Leben.

»Das Geheimnis des HERRN ist für die, die ihn fürchten« (Psalm 25,14a). Die, die Ihm nahe sind, sind diejenigen, die hören. Im Gebet kommen wir Ihm nahe am Thron der Gnade. Wir rufen. Er antwortet.

5. Zehn unvergessliche Momente

Die meisten Tage im Leben sind eine ziemliche Routine, aber ab und zu sticht ein Tag heraus, der sich nie mehr wiederholt oder nie vergessen wird. Ganz besondere Tage eben. Sie sind Gipfelerlebnisse, die über das Gewöhnliche hinausragen. Ich will dir nun ein paar aus meinem Leben zeigen.

Taufe

Nachdem ich durch 1. Johannes 5,13 Heilsgewissheit bekommen hatte, wusste ich, dass ich mich taufen lassen sollte. Für die meisten Leute scheint das ein leichter Schritt zu sein. Aber nicht für mich. Ich war nämlich ein Außenseiter. Ich fühlte mich unter Leuten nicht wohl. Es war eine Horrorvorstellung für mich, vor einer Menge zu stehen und zu reden. Ich fürchtete mich wahnsinnig davor. Ich hatte auch Angst vor dem Augenblick des Untertauchens. Was wenn …? Ich bezweifle, dass je jemand anders ebenfalls solche verdrehten Gedanken hatte wie ich.

Da unsere Gemeinde kein Taufbecken hatte, planten die Ältesten, dass die Taufe in der Immanuel Baptist Church in Cambridge stattfinden sollte. Es würde am Abend des Ostersonntags sein, und einige andere Leute aus der Gemeinde würden ebenfalls getauft werden. Pastor Stengaard war ein guter Freund von Dr. Ironside, und das reichte, um das Becken benutzen zu dürfen.

An das meiste des Gottesdienstes kann ich mich nur noch verschwommen erinnern. Ich war wie gelähmt, weil ich verunsichert war und Angst hatte. Als ich aus dem Wasser kam, sang die Versammlung das Lied »Christ Arose«[15].

Was blieb mir von meiner Taufe in bleibender Erinnerung? Als ich die Immanuel Baptist Church an diesem Abend verließ, schien es so, als würden meine Füße nicht den Boden berühren. Bill, der introvertierte Feigling, platzte geradezu vor geistlichem Hochgefühl, dass er dem Herrn gehorcht und Ihn vor den Menschen bekannt hatte. An diesem Abend erlebte ich die Freude des Gehorsams.

Missionskonferenz in Lombard

Monatlich fand in der Sporthalle der Lombard Bible Chapel ein Missionsabend statt. Soweit ich mich erinnere, war es Januar und ein Schlechtwettertag. Falls schlechtes Wetter eine Ausrede gewesen wäre, um nicht zu kommen, dann gab es diese Ausrede. Aber die Leute kamen. Die Sporthalle war gut gefüllt.

Der erste Redner war gerade aus Afrika zurückgekommen, wo es einen schrecklichen Konflikt und Blutvergießen gab. Ihm ging es nicht gut, und er begnügte sich damit, Grüße zu überbringen. Ein zweiter Redner sprach über seine Arbeit auf Hawaii.

---

15 A. d. H.: Höchstwahrscheinlich handelt es sich um jenes Lied, dessen Original auf Robert Lowry zurückgeht und das es im Deutschen in mindestens zwei Fassungen gibt (z. B. »In finstrer Gruft Er lag« [»Rollt ab den Stein! Jesus lebt!«]).

George Verwer war der letzte Redner. Zu dieser Zeit leitete er *Send the Light*, ein Missionsprojekt, das jetzt in *Operation Mobilisation* aufgegangen ist. Die nächsten 45 Minuten schüttete er seine Seele aus, indem er den leidenschaftlichsten Aufruf für Weltevangelisation weitergab, den ich je gehört habe. Die Stille Gottes lag über diesem Treffen. Die Himmel beugten sich an diesem Abend sehr weit herab. Die Leute standen still da, überwältigt von dem Erlebten. Ich denke nicht, dass ich auch nur ein Husten oder Räuspern gehört habe.

Nachdem der Veranstaltungsleiter George einen entsprechenden Hinweis gegeben hatte, beendete dieser seine Botschaft, obwohl er eindeutig noch mehr zu sagen hatte. Der Gesangsleiter stand auf, um das Abschlusslied zu nennen. Sein Gesicht war weiß. Er ging nicht auf die Bühne, sondern stand nur davor. Und er blieb dort, um lediglich die erste Zeile anzugeben, und setzte sich dann. George Verwer fand einen Platz in der ersten Reihe, verbarg seinen Kopf zwischen seinen Knien und weinte eine halbe Stunde lang.

Das Treffen war vorüber. Die Leute gingen leise, da sie erkannten, dass der Herr bei diesem Treffen auf eine außergewöhnliche Art gegenwärtig gewesen war.

Einige Zeit später schrieb mir ein junger Freund: »Mein Leben ist seit dem Missionsabend nicht mehr dasselbe. Oh, welch schmerzliches, schmerzliches Bedauern! Aber vielleicht kann der Herr wirken, sodass mein Leben noch eine heilsame Wendung nehmen und Ihn verherrlichen wird.« Der Herr tat es. Der Mann ging mit seiner Familie nach Brasilien, um dem Retter zu dienen.

Angenommen, du könntest irgendjemanden fragen, der an diesem Abend bei dem Treffen dabei war: »Welches Treffen ragt in deinen Erinnerungen heraus, bei dem der Geist Gottes auf eine dramatische, unbestreitbare Weise gewirkt hat?« In diesem Fall besteht kein Zweifel, was die Antwort wäre.

InterVarsity-Konferenz in Urbana

Ich hatte viel über die InterVarsity-Konferenz in Urbana gehört und entschied mich, daran teilzunehmen, obwohl ich viel älter als die Durchschnittsbesucher war. Es war beeindruckend zu sehen, wie sich 16 000 junge Studenten in die Versammlungshalle des Campus der Illinois University drängten. Der Dienst der Leiter bekannter Missionswerke war, wie erwartet, erbaulich und herausfordernd.

Aber das war nicht das, was ich hinsichtlich der Konferenz im Gedächtnis behalten habe. Der Gesangsleiter – meiner Erinnerung nach hieß er Jonathan Guest – bat uns, das Lied »Warum hing Jesus an Golgathas Kreuz« (»Why did they nail Him to Calvary's tree?«[16]) auf-

16 **Why did they nail Him to Calvary's tree?**

1. Why did they nail Him to Calvary's tree?
   Why, tell me, why was He there?
   Jesus, the Helper, the Healer, the Friend.
   Why, tell me, why was He there?

   Refrain: All my iniquities on Him were laid.
   He bore them all on the tree.
   Jesus, the debt of my sin fully paid.
   He paid the ransom for me.

zuschlagen. Er und ein anderer Sänger standen am Mikrofon mit ihren Gitarren bereit. Es war vorgesehen, dass er und der andere die Strophen singen und dann die Zuhörer jedes Mal in den Refrain einstimmen würden.

Ihre beiden Stimmen klangen in der großen Aula dünn und einsam. Die Frage war aufrichtig und bewegend zugleich, als sie zu der Melodie von »Blowing in the Wind« sangen:[17]

> Warum hing Jesus an Golgathas Kreuz,
> Warum ließ Er das denn geschehn?
> Der Heiland und Retter und Helfer und Freund,
> Warum ließ Er das denn geschehn?

Versuche, dir jetzt vorzustellen, wie es war, als 16 000 Stimmen die Antwort voller Dankbarkeit und Überzeugung sangen:

> All meine Verdammnis nahm Jesus auf sich
> Und trug sie am Kreuz auch für mich,
> Er wirkte Vergebung und ewiges Heil,
> Sein Frieden ist seither mein Teil.

---

2. Why should He love me and want me to know?
   Why, tell me, why should He care?
   To know the merit of the love He has shown,
   Why, tell me, why was He there?

3. Why should I linger afar from His love?
   Why, tell me, why should I fear?
   Somehow I know I should venture and prove,
   Why, tell me, why should I fear?

17 A.d.H.: Hier ist gemeint, dass sich die Originalstrophen dieses Liedes zur Melodie von »Blowing in the Wind«, dem bekannten Song von Bob Dylan, singen lassen, obwohl dieses Konferenzlied üblicherweise mit einer anderen Melodie unterlegt ist.

Der Kontrast zwischen den beiden gedämpften und den 16 000 starken und entschiedenen Stimmen war überwältigend. Es ist schwer für jemanden, der wie ich schottischer Herkunft ist und daher eher zu Emotionslosigkeit neigt, zu weinen, aber in diesem Moment überkam es mich. Die Ehre, die meinem Retter gegeben wurde, weckte in mir den Wunsch, zu Seinen Füßen niederzufallen. Ich hatte den Eindruck, als ob ich zu den Toren des Himmels entrückt worden wäre.

Als ich meinen Kopf senkte und die Tränen wegwischte, setzten Jonathan und sein Freund mit der zweiten Strophe fort:

Er liebt mich von Herzen und zeigt es mir an,
Er will nur mein ewiges Glück.
Ach, dass meine Seele es recht fassen kann!
Er bringt mich zum Vater zurück.

Wieder antworteten die Zuhörer mit der Kraft von 16 000 Stimmen:

All meine Verdammnis nahm Jesus auf sich
Und trug sie am Kreuz auch für mich,
Er wirkte Vergebung und ewiges Heil,
Sein Frieden ist seither mein Teil.

Und dann kam die letzte Strophe. Zwei dünne Stimmen, die sich an die Menge der Anwesenden wandten, um Antworten zu bekommen:

Was sollt' ich da zögern, wenn Er mir's verspricht?
Weshalb sollt' ich ängstlich noch sein?
Wenn Er sagt: »Ich halt dich und lasse dich nicht«,
Geh ich in das Himmelreich ein.

Tausende antworteten mit der befreienden Wahrheit:

All meine Sünden nahm Jesus auf sich
Und trug sie am Kreuz auch für mich,
Er wirkte Vergebung und ewiges Heil,
Sein Frieden ist seither mein Teil.

Wie der Komponist von *The Lost Chord*[18] wünschte ich, dass ich diese Momente zurückgewinnen könnte. Es ist vergebens. Aber vielleicht werde ich im Himmel dieses Lied nochmals hören, und dann werde ich mich zu den Füßen meines Herrn niederwerfen.

Gabe von 50 000 Dollar für die Übersetzungsarbeit

In den 54 Jahren des christlichen Dienstes erlebte ich immer wieder, wie sich der Herr um die Unterstützung für meinen Dienst kümmerte. Nie hat Er mich dabei enttäuscht. Es gab keinen Grund zur Sorge. Das Mehl im Topf ging nie aus, noch nahm das Öl im Krug ab.

18 A.d.H.: Der britische Komponist Arthur Sullivan (1842–1900) komponierte 1877 am Sterbebett seines Bruder Fred die Melodie zu dem Lied »The Lost Chord« (»Der letzte Akkord«). Der Text geht auf Adelaide Anne Procter zurück.

Manchmal sorgte Er vor, bevor die Not sichtbar war. Hier ist ein Beispiel. Eines Tages kam eine Gabe von 50 000 Dollar an. So etwas hatte es fast noch nie gegeben. Ich weiß nur noch von einer anderen Gabe in dieser Größenordnung.

Die Spenderin war eine Witwe. Sie erklärte, dass ihrer Überzeugung nach das Kommen des Herrn nahe wäre. Außerdem ging es ihr gesundheitlich nicht gut, und sie traf Vorbereitungen für den Fall, dass sie sterben und zum Herrn gehen würde. In beiden Fällen wollte sie nicht, dass das Geld in die Hände des Teufels fiel. Vielmehr wollte sie, dass es für die Verbreitung von christlicher Literatur benutzt würde.

Daher sandte sie das Geld an unseren Übersetzungsfonds der *Christian Missions in Many Lands* (CMML), damit es für die Übersetzung und Veröffentlichung des Bibelkommentars in anderen Sprachen verwendet werden konnte. Wenn sie es mir persönlich geschickt hätte, hätte ich dafür Einkommenssteuern zahlen müssen. Aber weil sie es an den CMML-Fonds schickte, konnte die ganze Summe für die Literaturarbeit gebraucht werden.

Als ich von der Gabe erfuhr, fragte ich mich, warum sie so groß war. Es gab keine unmittelbare Not, die das erfordert hätte. Ich musste nicht lange warten, um eine Antwort zu bekommen. Unmittelbar danach kam es nämlich zu einer Vielzahl von Vereinbarungen für neue Übersetzungen – beispielsweise ins Burmesische (Birmanische), Vietnamesische und Indonesische. Es gab eine Anfrage, den Kommentar zur Gestaltung eines Radioprogramms zu nutzen, und zwar dahin gehend, dass bei jeder Sendung ein Teil daraus vorgelesen werden sollte. Es gab Anfragen für Auflagen anderer Bücher im Ausland.

Es war eine klare Erfüllung von Jesaja 65,24a: »Ehe sie rufen, werde ich antworten.«

Rückkehr von Sam Mattix aus Nordvietnam[19]

Während des in Vietnam tobenden Krieges waren US-Amerikaner im benachbarten Laos Verdächtige. Zwei junge Missionarinnen, Evelyn Anderson und Beatrice Kosin, wurden gefangen genommen und ermordet. Zwei andere junge Missionare, Sam Mattix und Lloyd Oppel, wurden entführt und gezwungen, auf dem Ho-Chi-Minh-Pfad nach Hanoi zu marschieren. Dort wurden sie im »Hanoi Hilton« eingesperrt, wie die Gefangenen ihr Gefängnis nannten. Die Behandlung war unmenschlich, vor allem für die Offiziere des US-Militärs.

Der Krieg endete, und die Tore des Gefängnisses wurden geöffnet. Wir hörten, dass Sam und Lloyd mit anderen nach Hause kommen und zu einer bestimmten Zeit auf dem Luftwaffenstützpunkt in Travis[20] ankommen würden. Wir hörten auch, dass Sams Mut-

19 A.d.H.: Sowohl die beiden nachfolgend erwähnten Missionarinnen als auch Samuel Mattix und Lloyd Oppel wurden am 27.10.1972 gefangen genommen. Während die beiden Männer 1973 freigelassen wurden, ging der Vietnamkrieg offiziell erst am 30.4.1975 zu Ende. Allerdings waren die USA im Rahmen des Vertrags von Paris (am 27.1.1973 unterzeichnet) bereits zuvor als Kriegspartei ausgeschieden.

20 A.d.H.: Im US-Bundesstaat Kalifornien zwischen San Francisco und Sacramento gelegen.

ter schwer krank war und nicht in der Lage sein würde, ihn dort abzuholen. Also kümmerten sich vier von uns (alle gläubig) darum, die Erlaubnis zu erhalten, als Willkommenskomitee zu erscheinen.

Als Erstes fuhren wir zu einer Art Motel, wo wir registriert wurden. Wir wurden wie Könige behandelt. Dann wurden wir zu einem großen Hangar gefahren, wo das Flugzeug ankommen würde. Im Inneren der Halle befanden sich aufgeregte Ehefrauen, Kinder und andere Verwandte der befreiten Offiziere. Es gab außerdem Tische voller Delikatessen – liebenswürdig hergerichtet –, die aber niemanden interessierten. Draußen auf dem Rollfeld befanden sich ein Fahnenmast mit der US-amerikanischen Flagge, die zur Begrüßung wehte, und ein Mikrofon, das an einem Ständer befestigt war.

Nach einer gefühlten Ewigkeit rollten zwei Angehörige der Luftwaffe einen roten Teppich aus. Wir wussten, dass das Flugzeug gelandet war. Als es schließlich den Hangar erreichte, rollten die Männer eine Treppe mit einer kleinen Plattform am oberen Ende an den Einstieg. Die Tür öffnete sich, und ein Offizier tauchte auf, grüßte elegant die Flagge, stieg die Treppe hinab und ging zum Mikrofon. Nachdem er kurz geredet hatte, öffnete sich die Tür des Hangars, damit seine Frau und die Kinder hinauslaufen und ihn treffen konnten. Es war für sie ein Moment, der den vielen Umarmungen und Küssen vorbehalten war, während nur wenige Augen im Hangar trocken blieben.

Dieses Szene wiederholte sich immer wieder und löste jedes Mal tiefe Emotionen bei uns aus, obwohl wir bereits zuvor tief bewegt gewesen waren. Schließlich salutierte der letzte Offizier vor der Flagge, und nur noch Sam, ein Zivilist, blieb übrig. Ich möchte hier innehalten, um zu sagen, dass die US-Regierung nicht verpflichtet war, Missionare heimzubringen und sie wie Offiziere der US-Armee mit denselben Ehren zu empfangen. Ich war stolz auf mein Land und zugleich auch dankbar.

Sam kam durch die Tür des Flugzeugs, grüßte die Flagge mit der Hand auf dem Herzen, stieg die Treppe hinunter und ging zur Tür des Hangars. Wir umarmten ihn alle herzlich und weinten, weil er heil zurückgekommen war. Dann steckten wir die Köpfe zusammen, gespannt auf jede Neuigkeit. Die Regierung hatte veranlasst, neben den anderen auch Sam nach Hawaii auszufliegen, damit er sich dort einem Gesundheitstest unterziehen konnte. Dann bekam er einen ganzen Schrank voll maßgeschneiderter Kleidung, und ihm wurde eine neue Brille verschrieben.

Als wir uns aufgeregt unterhielten, fiel mir ein Mann auf, der uns zuzuhören schien. Ich dachte zunächst, dass er neugierig wäre, und sagte ihm: »Das ist Sam Mattix, ein Missionar aus Laos.« Er antwortete: »Ja, ich weiß. Ich bin der Vertreter des Außenministeriums, der mit ihm reist.« Unserem Missionar stand ein Regierungsbeamter zur Seite, der sich um seine Bedürfnisse kümmerte!

Etwas später, als wir Sam nach mehr Neuigkeiten fragten, kam der Beamte des Außenministeriums und sagte: »Mr. Mattix, Ihr Flugzeug steht bereit.« Unglaublich! Die Regierung stellte ein Flugzeug zur Verfügung, das Sam in die Heimat nach Seattle brachte.

Ich fragte den Mann vom Außenministerium, warum Lloyd Oppel nicht gekommen sei. Er antwortete: »Er hatte leichtes Fieber auf Hawaii, und der Arzt wollte, dass er noch einen Tag wartet.« Ich sagte: »Aber Lloyd ist Kanadier. Kümmert sich die US-Regierung um ihn?« Er antwortete: »Er wird genauso behandelt wie Mr. Mattix.«

Ich konnte am nächsten Tag nicht in Travis sein, als Lloyd ankam. Andere Freunde begrüßten ihn und hatten Gemeinschaft mit ihm, bis ein Flugzeug der Luftwaffe für ihn bereitgestellt war, um ihn nach Kanada zu bringen.

Warum war das eine unvergessliche Zeit meines Lebens? Weil ich emotional nie so erschöpft war wie am Ende dieses Tages. Doch es war eine gute Erschöpfung. Und ich war der Regierung meines Landes so dankbar wie nie, weil sie sich auf diese Weise um zwei Diener meines Retters gekümmert hatte. Sie war wirklich nicht verpflichtet, das zu tun, aber der Herr muss die Herzen einiger Beamter bewegt haben, sodass sie diese »politisch inkorrekte« Entscheidung trafen.

Schrecken vor einer großen Finsternis in Montana

Es war während einer der Reisen, auf der ich allein durch das Land fuhr. Als die Dämmerung einsetzte, erreichte ich Bozeman in Montana. Eine unserer ehemaligen Studentinnen lebte dort mit ihrem Ehemann. Ich tat etwas, was ich selten oder überhaupt noch nie getan hatte. Ich lud mich selbst ein, ohne meinen Besuch vorher angekündigt zu haben. Die beiden freuten sich und überredeten mich, zum Abendessen zu bleiben. Dann drängten sie mich, die Nacht bei ihnen zu verbringen. Ich protestierte. Ich war unangekündigt gekommen. Ich wollte ihnen das nicht zumuten. Sie entkräfteten alle meine Argumente. Aber dummerweise blieb ich bei meiner Entscheidung. Ich dankte ihnen für ihre Gastfreundschaft, verabschiedete mich und fuhr los. Es war ein großer Fehler.

Es war außerordentlich dunkel, als ich Richtung Westen nach Butte fuhr. Dann erlebte ich etwas, was ich niemals zuvor kennengelernt hatte und was mir auch danach nie begegnet ist. Es war so etwas, was Abraham erlitt: »Schrecken, dichte Finsternis überfiel ihn« (1. Mose 15,12b). Von Panik ergriffen, schrie ich zum Herrn. Vielleicht waren da keine Worte, nur Verzweiflung.

Ich beschloss, das Radio einzuschalten. Als ich mit dem Abstimmknopf über die Skala drehte, fand ich einen christlichen Sender. Ich drehte die Lautstärke auf und hörte eine bekannte Stimme. Es war Dick Faulkner, ein guter Freund. Wir hatten in Chicago der gleichen Gemeinde angehört. Ich hatte ihm Blut gespendet, als er schwer krank war. Nun hatte der Herr es für mich so geführt, dass ich Dick im Rundfunk hörte, wie er Lieder über die Erlösung sang. Der Schrecken vor der großen Finsternis verschwand. Ich war nicht allein. Der Herr war bei mir. Und Er nahte sich mir und wurde mir neu ganz groß. Ist es nicht faszinierend, dass ich unter all den christlichen Sendern und Sängern, die es gibt, genau den richtigen Sender fand und einen guten Freund hörte? Es war kein Zufall.

Ich fuhr noch etwas weiter und hielt dann bei einem Motel, wo ich sehr gut schlief. Noch nie war mir ein Motel-Zimmer so willkommen wie an diesem Abend.

Die Stunde des Siegers

Es gab ein Gesetz im Haus der MacDonalds, das besagte, dass die beiden Jungen nicht ins Kino gehen durften – niemals. Infolgedessen waren die Samstagnachmittage langweilig. Alle restlichen Kinder aus der Nachbarschaft gingen zu einer Filmvorführung. Nur zwei Jungen blieben zurück und langweilten sich am Nachmittag. Was für die MacDonalds galt, war unveränderlich wie das Gesetz der Meder und Perser.

Viele Jahre später, als ich mich in Kent (England) aufhielt und bereit war, in die USA zurückzukehren, fragte mich ein Freund von *Operation Mobilisation*: »Hast du den Film *Die Stunde des Siegers* gesehen?«

Als ich verneinte, begann er eine anregende Rede, um mich zu motivieren, in eine entsprechende Vorstellung zu gehen. Eigentlich hatte ich schon von dem Film und davon gehört, wie er die Leute angesprochen hatte, aber ich erklärte: »Schau mal, ich würde den Film gern sehen. Ich habe gehört, dass er ausgezeichnet ist. Aber ich war noch nie im Kino, und ich werde auch jetzt nicht damit anfangen. Wenn der Film an einem neutralen Ort zu sehen wäre, würde ich hingehen.«

Mein Freund Don und ich waren gerade aus dem Norden Schottlands gekommen und hatten dort viele junge

Männer getroffen, die dieselbe Hingabe erkennen ließen wie Eric Liddell, der Star des Films. Eric weigerte sich, bei den Olympischen Spielen von 1924 an einem Sonntag zu laufen, und zeigte damit, dass er ein Mann mit starken Überzeugungen war. Er ehrte den Tag des Herrn und war bereit, für seine Überzeugungen einzustehen, selbst wenn das bedeutete, von den Medien als Verräter seines Landes beschuldigt zu werden.

Als mein junger OM-Freund weiter auf mich einredete, ich solle mir den Film doch einmal anschauen, erschien ein anderer OM-Mitarbeiter an der Tür und sagte: »Es ist Zeit, zum Flughafen aufzubrechen, Mr. MacDonald.« Don und ich nahmen unser Gepäck und fuhren los.

In Heathrow checkten wir ein und bestiegen die Maschine einer britischen Fluggesellschaft. Nach kurzer Zeit hatten wir es uns bequem gemacht und befanden uns in der Luft.

Eine halbe Stunde später gab es eine Ankündigung über die Lautsprecheranlage: »Sehr geehrte Damen und Herren, der Film, der während des heutigen Flugs gezeigt wird, ist *Die Stunde des Siegers*.« Don und ich verloren keine Zeit, bezahlten schnell die Gebühr für die Kopfhörer und lehnten uns zurück, um die Vorführung zu genießen. Der Film zeigte das Leben in Schottland, wie wir es gerade beobachtet hatten. Wir waren tief bewegt und wischten uns die Tränen aus den Augen – aber so, dass es der andere nicht sah. Es war ein sehr bewegendes Erlebnis für uns beide.

Als diese Geschichte daheim bekannt wurde, sagte ein junger Bursche: »Ja, Bruder Bill würde keine sieben Dollar zahlen, um einen guten Film im Kino anzusehen, aber er zahlt 700 Dollar, um ihn sich im Flugzeug anzuschauen.« Ach ja, vielleicht sollte ich einen Artikel über den Preis der Nachfolge schreiben.

Ausflug in luftige Höhen

Als ich im Zweiten Weltkrieg zur Marine kam, war das Reisen mit dem Flugzeug noch nicht so verbreitet wie heute. Die meisten Leute, ich eingeschlossen, waren noch nie auf einem Flughafen, geschweige denn in einem Flugzeug gewesen. Es war ein spannender Zeitvertreib, das eigene Auto am Zaun des Flughafens zu parken und die Flugzeuge beim Starten und Landen zu beobachten.

Meinen ersten Diensteinsatz absolvierte auf einem Marine-Luftstützpunkt in Kansas City. Ich war einer kleinen Staffel des Marine-Lufttransportgeschwaders zugeteilt. Unser Kommandant[21] war ein Pilot mit einem merkwürdigen Hobby. Er nahm gern Offiziere in seinem Flugzeug mit in die Luft, bevor es ordentlich zur Sache ging: Er machte dann Flugmanöver, bei denen es ihnen richtig schlecht wurde, um es gelinde auszudrücken.

Eines Tages kam ein Marinesoldat in das Mitarbeiterbüro und meldete aufgeregt: »Der Kommandant befindet sich in seinem Flugzeug auf dem Vorfeld, und Kapitänleutnant Wasson soll sofort zu ihm kommen.«

21 A. d. H.: Wörtlich »Skipper«. Gemeint ist offenbar der Chefpilot, dem zugleich das Geschwader unterstand.

›Oh, oh‹, dachte ich: ›ich weiß, was das heißt.‹ Aber wegen des armen Kapitänleutnants war ich froh, dass ich sagen konnte: »Sag dem Kommandanten, dass Kapitänleutnant Wasson an Land gegangen ist.« Das hieß »heimgehen« in der Marine-Sprache. Es gab meilenweit kein befahrbares Wasser.

Innerhalb von Sekunden war der Marinesoldat zurück mit der Anordnung: »Kommandant Dorrell sagt, dass Leutnant MacDonald auch OK sei.« Da ging mir der Satz von Hiob durch den Kopf: »Wovor mir bangte, das kam über mich.«[22] Aber Befehl ist Befehl.

Als ich auf das Vorfeld kam, startete der Kommandant ungeduldig den Motor eines kleinen SNC-Übungsflugzeugs. Es gab zwei Sitze unter der Cockpithaube, die an die Abdeckung eines Gewächshauses erinnerte. Der Kommandant saß auf dem Vordersitz und brannte offensichtlich darauf loszufliegen.

Ein Marinesoldat hatte einen Fallschirm und wartete, bis ich ihn angelegt hatte. Ich fummelte nervös an der Reißleine, bis er mir sagte, dass ich daran nicht ziehen sollte. Dass war der Moment, in dem ich mir schwor, sie nie zu ziehen. In echter Marine-Tradition wollte ich »mit dem Schiff untergehen«.

Der Mann half mir, auf dem Rücksitz Platz zu nehmen, und schloss die Cockpithaube über mir. Es erinnerte mich daran, wie man einen Sargdeckel schließt. Sobald der Kommandant sich überzeugt hatte, dass ich angeschnallt war, rollten wir zur Startbahn und hoben ab.

---

22 A.d.Ü.: Hiob 3,25.

Am Anfang war es eher faszinierend, hinunterzuschauen und zu sehen, wie Autos zu Spielzeugen und Häuser zu kleinen Hütten wurden. Aber es war beunruhigend, wie der Höhenmesser sich im Kreis drehte, bis er etwa 3000 Meter anzeigte. Dann läutete der Kommandant eine laute Glocke – seine üble Art, Panik zu verbreiten. Es konnte nur eine Sache bedeuten.

Er begann, jeden vorstellbaren Stunt zu vollführen – dazu noch manche, die unvorstellbar sind. Loopings, bei denen die Kieselsteine am Boden mir ins Gesicht schlugen. Steile Schräglagen, bei denen sich mein Körper in einer Position parallel zum Boden befand und ich vergeblich versuchte, mich in eine sitzende Position zu strecken. Sturzflüge, bei denen es sich so anfühlte, als ob das Fleisch meines Körpers wie Hefe aufgehen würde, um meinen Kopf zu bedecken. Beim zweiten Sturzflug wurde mir schwarz vor Augen, ich wurde ohnmächtig. Aber es dauerte nicht lange.

Schließlich schrie der Kommandant: »Haben Sie genug?« Aus purem Trotz schrie ich zurück: »Nein!« Nach Vorschrift hätte ich rufen sollen »Nein, Sir!«, aber es war keine Zeit für Höflichkeiten.

Wir landeten kurz beim NAS in Olathe und kehrten dann nach Kansas City zurück. Als ich aus dem Flugzeug stieg, fühlten sich meine Beine wie Gummi an.

Als ich durch den Bereitschaftsraum ging, wo einige Piloten Kaffee tranken, rief einer von ihnen: »Was ist los, Mac?« Ich erzählte ihnen von meinem ersten Flug in einem Flugzeug. In diesem Moment sagte einer von ihnen einige unfreundliche Dinge über den Kommandanten, weil er mich ohne meine Zustimmung zu meinem ersten Flug mitgenommen hatte und weil er Stunts in einem Flugzeug geflogen war, das für Derartiges nicht konstruiert war. Damals stimmte ich ihm zu.

Aber mittlerweile habe ich begriffen, dass das alles Teil des göttlichen Planes für mich war. Der Herr wusste, dass ich in den darauffolgenden Jahren Tausende Kilometer in Seinem Dienst fliegen würde. Er wusste, dass mir alle möglichen beängstigenden Erlebnisse bevorstehen würden. Deshalb gab er mir das Schlimmste zuerst. Nach diesem ersten Flug konnte ich immer sagen: »Ich habe schon Schlimmeres erlebt.«

Du, HERR, allein (Psalm 4,9)

Es sei mir gestattet, von einem dieser beängstigenden Erlebnisse zu erzählen, die ich gerade erwähnt habe.

Ich wurde für kurze Zeit versetzt und bekam den Befehl, von Kansas City nach Oakland in Kalifornien zu fliegen. Es war eine neue Erfahrung, und ich war etwas aufgeregt. Am Abend vor meiner Abreise beschloss ich, zum Marine-Fliegerhorst zu gehen, um die Dinge abzuchecken. Das für meinen Flug vorgesehene Flugzeug war ein älteres Modell, und in meiner lebhaften Fantasie war ich mir sicher, dass es nur mit Schnüren oder Drähten zusammengehalten wurde. Der Pilot war ein Anfänger. Mein Leben war also in den Händen eines Amateurs. Nun folgte noch ein anderer Check – das Wetter.

Ich ging zur Wetterstation und fragte, wie die Wetteraussichten für die Route nach Oakland aussehen würden.

»Willst du das wirklich wissen?«, fragte der Meteorologe.

»Ja«, sagte ich zögernd.

»Gut, es wird auf der ganzen Strecke ungemütlich werden. Da kommt was auf uns zu.«

Ich meinte, etwas Bedrohliches aus seinen Worten herauszuhören. Das gefiel mir gar nicht.

Dann fügte der Mann hinzu: »Geh einfach zurück in dein Quartier, wir werden einen Wagen schicken, der dich rechtzeitig abholt.«

Mir lag auf der Zunge: »Wenn es dir nichts ausmacht, dann schick doch gleich einen Leichenwagen.«

Ich ging zurück zum Kansas City Club, wo sich Offiziere einen Raum mieten konnten. Es waren noch ein paar Stunden, bis das Flugzeug starten würde. Was jetzt? Was tut man in seiner letzten Nacht auf der Erde? Ich dachte eine Weile darüber nach. Dann stellte ich fest, dass es für mich, einen Christen, nicht richtig war, mich so zu verhalten. Und so fand der folgende Dialog in meinem Kopf statt:

»Was sollten Christen tun, wenn sie in einer angespannten Lage sind?«

»Sie sollten das Wort Gottes aufschlagen.«

»Ja, ich weiß, aber wo soll ich es aufschlagen?«

»Wo schlagen Christen es normalerweise auf?«

»Meiner Annahme nach in den Psalmen, aber ich weiß nicht, wo.«

»Na ja, warum fängst du nicht am Anfang an?«

Also schlug ich Psalm 1 auf. Um ehrlich zu sein, fand ich jedoch nichts, was meine Nerven beruhigte.

Ich las weiter in Psalm 2, aber wieder half mir nichts.

Psalm 3 schien auch nicht in meine Situation zu sprechen.

Als ich zu Psalm 4,9 kam, wurde ich aufmerksam:

»In Frieden werde ich sowohl mich niederlegen als auch schlafen; denn du, HERR, allein lässt mich in Sicherheit wohnen.«

Ich erkannte auf einmal, dass es nicht das Flugzeug und nicht das Wetter war, auf das es ankam. Es war nicht einmal von Belang, wer der Pilot war. Der Herr allein würde mich in Sicherheit wohnen lassen. Dieser Vers war besser als jede Schlaftablette.

Ich legte mich ins Bett und schlief ein. Als der zuständige Mann mit dem Wagen kam, der mich zum Fliegerhorst bringen sollte, musste er mich sogar wecken.

Auf dem Flug nach Oakland saß ich neben einem rauen Hauptbootsmann mit jahrelanger Dienst- und Kampferfahrung. Nachdem ich kurz mit ihm geredet hatte, legte ich meinen Kopf zurück und schlief ein. Das kann ich mir nicht selbst anrechnen. Es war der Herr. Er schenkte mir Ruhe und half mir, fast während des ganzen Fluges bis nach Oakland zu schlafen.

Als wir zur Landung ansetzten, war der Offizier etwas verwundert, wie ich während eines der schlimmsten Stürme schlafen konnte, die ihm in seinem jahrelangen Dienst begegnet waren. Er erzählte, dass er Blitze beobachtet hatte, die auf den Flügeln in den Drähten einschlugen, die dort als Blitzableiter angebracht waren. Ich hatte das alles nicht mitbekommen.

Es ist lässt sich menschlich nicht erklären, wie der Herr einem Seiner Nachfolger, der gerade durch eine schwierige Zeit geht, Frieden und Ruhe geben kann.

In Jesu Seele[23]

Operation Mobilisation war erheblich gewachsen. Junge Leute in vielen Ländern sehnten sich nach der Realität geistlichen Lebens. Als sie von OM hörten, kamen sie in Scharen. Sie verließen bereitwillig die Bequemlichkeit ihrer eigenen Kultur, um aufopferungsvoll für die Verbreitung des Evangeliums zu leben. Ihr Leiter war George Verwer, ein junger Mann in den Zwanzigern. Er war wie der brennende Busch – er brannte, aber er wurde nicht verzehrt. Niemand konnte den Anforderungen nachkommen, denen er ausgesetzt war, außer mit der Kraft des Heiligen Geistes.

Eines Abends erschien George in der Emmaus-Bibelschule, um an einem Gebetstreffen teilzunehmen. Als es beendet war, kam er in mein Apartment, um etwas zu schlafen. Ich hatte eine dieser Bettcouchs, die eigentlich aus zwei Betten bestanden. Eines konnte unter dem anderen hervorgezogen und dann mit einem Handgriff auf dieselbe Höhe gebracht werden.

---

23 A. d. H.: Der in der folgenden Fußnote zitierte Liedtext geht auf Oswald J. Smith (1889 – 1986) zurück.

George legte sich auf der einen Seite des Wohnzimmers hin, ich auf der anderen. Dann fing er an, mir von einem ernsthaften Problem zu erzählen, das im Ausland aufgekommen war. Eine Gruppe, die sich OM angeschlossen hatte, versuchte, die Leitung in diesem Land an sich zu reißen. Aber einige ihrer Lehren und Praktiken waren den Grundsätzen von OM fremd. Es wäre nicht gut für die Arbeit gewesen, wenn man den Betreffenden gestattet hätte, die Führung zu übernehmen. Die Auseinandersetzung war immer hitziger geworden, und George war traurig, diesen Streit unter Christen mitansehen zu müssen. Sogar als er die Geschichte erzählte, konnte ich bemerken, dass es emotional eine große Last für ihn war.

Als er geendet hatte, war es, als ob ein Damm brechen würde. George brach in Schluchzen aus. Er weinte und weinte und weinte. Vielleicht glichen die Tränen einer Befreiung, um all die widerwärtigen Gefühle hinter sich zu lassen, die er erduldet hatte. Ich fragte mich, was die Mieter in den benachbarten Wohnungen sich dabei dachten – aber das war im Grunde belanglos.

Das Schluchzen endete, und fast ohne Pause begann George zu singen:

1. In Jesu *Seele*, da dringe ich immer tiefer hinein;
   Warum doch sollt' Er mich lieben, mir meine Sünden verzeihn?
   Warum sich so sehr tief neigen, mich aus der Grube zu ziehn,
   Der ich doch nichts andres wollte, als vor der Gnade zu fliehn?

2. In Jesu *Willen*, da dringe ich immer tiefer hinein,
Bitte um Gnad', Ihm zu folgen, möchte gehorsam Ihm sein,
Möchte mich Ihm unterwerfen, zu Seinen Füßen nur ruhn:
»Bitte, zerbrich mich und lass mich nur Deinen Willen, Herr, tun!«

3. In Jesu *Leiden*, da dringe ich immer tiefer hinein;
Im Garten griffen die Häscher den Herrn und sperrten Ihn ein.
Er trank den Becher der Leiden und rief dann in schrecklicher Not:
»Warum hast Du Mich verlassen und bist Mir ferne, Mein Gott?«

4. In Jesu *Freude*, da dringe ich immer tiefer hinein.
Er ist vom Tode erstanden, wird ewig Herrscher nun sein.
Er gibt den Seinen Freude und Frieden – wie groß auch der Schmerz;
Jesus wird immer mir geben Kraft und Bewahrung fürs Herz.

5. In Jesu *Liebe*, da dringe ich immer tiefer hinein.
Ich preis jetzt Ihn, der mir brachte Freiheit von Elend und Pein.
Ewig nun werde ich singen, dankbar und zu Seiner Ehr:

»Wie liebst Du mich, o, mein Heiland, Du bist für immer mein Herr!«[24]

Das Lied war zu Ende. George legte seinen Kopf auf sein Kissen und schlief ein.

Ich lag noch zwei Stunden da und spürte, dass ich Zeuge eines Schattens von Gethsemane geworden war.

---

24 **Into the heart of Jesus**

1. Into the heart of Jesus, deeper and deeper I go,
Seeking to know the reason why He should love me so –
Why He should stoop to lift me up from the miry clay,
Saving my soul, making me whole, though I had wandered away.

2. Into the will of Jesus, deeper and deeper I go,
Praying for grace to follow, seeking His way to know;
Bowing in full surrender low at His blessed feet,
Bidding Him take, break me and make, till I am moulded and meet.

3. Into the cross of Jesus, deeper and deeper I go,
Following through the garden, facing the dreaded foe –
Drinking the cup of sorrow, sobbing with broken heart;
»Oh, Savior help! dear Savior help! Grace for my weakness impart.«

4. Into the joy of Jesus, deeper and deeper I go,
Rising with soul enraptured far from the world below;
Joy in the place of sorrow, peace in the midst of pain,
Jesus will give, Jesus will give, He will uphold and sustain.

5. Into the love of Jesus, deeper and deeper I go,
Praising the One who brought me out of my sin and woe;
And through eternal ages gratefully I shall sing;
»Oh, how He loved! Oh, how He loved! Jesus, my Lord and my King?«

A. d. H.: Die kursiven Hervorhebungen in der deutschen Nachdichtung sind eingefügt worden.

6. Zehn bedauerliche Fehler – Psalm 25,7

Jeder, der mich kennt, wird merken, dass das Wort *zehn* in der Überschrift eine Auswahl repräsentiert. Es bedeutet *zehn von den Tausenden Fehlern, die ich begangen habe.* Es wäre unrealistisch zu denken, dass ich das Thema auf ein paar Seiten erschöpfend behandeln könnte.

Weise keinen Älteren zurecht

Einer der peinlichen Fehler hat mit einem Besuch in einer Privatwohnung in Chicago zu tun. Zu dieser Zeit war ich der Präsident der Emmaus-Bibelschule. Zwei ältere Diener des Herrn waren dort. Sie hielten wenig von Bibelschulen im Allgemeinen und von Emmaus im Besonderen. Im Laufe unseres Gesprächs brachten sie einen Schwall von Kritik gegenüber der Emmaus-Bibelschule vor. Das war schwer zu ertragen. Es gefällt dir einfach nicht, wenn jemand »dein Baby« kritisiert. Emmaus war »mein Baby«. Ich fühlte, wie sich Schwefelsäure in meinem Magen bildete. Ich spürte, wie mein Nacken heiß wurde. Schließlich antwortete ich ihnen im gleichen Ton. Es war nicht freundlich. Danach dachte ich, dass ich aus dem Gespräch mit ihnen als Sieger hervorgegangen wäre. ›Ich habe sie in ihre Schranken gewiesen.‹ Der Abend verging; ich machte mich auf den Heimweg und war erleichtert, dass das Thema ein für alle Mal erledigt war.

Aber das war nicht der Fall. Einige Zeit nach diesem Ereignis reiste ich nach Waterloo in Iowa, um dort Vorträge zu halten. Der Geist Gottes wirkte an mir und sagte: »Da bist du nun, MacDonald, auf dem Weg nach Waterloo, um den Leuten zu erzählen, wie man ein christliches Leben führt, und da ist dieses Unrecht – die Art, wie du zu den beiden älteren Brüdern geredet hast, und du hast es nie bereinigt.« Ich weiß, was es heißt, wenn der Herr irgendein Fehlverhalten schonungslos aufdeckt, weil ich das an diesem Tag erlebte. Ehe ich bei der Konferenz reden konnte, musste ich mich hinsetzen und diesen Brüdern einen Brief schreiben und mich für das entschuldigen, was ich gesagt hatte. Es war demütigend. Das hat meinem Stolz für mein ganzes weiteres Leben einen gehörigen Schlag versetzt. Wenn ich dies so berichte, trägt es wohl nicht gerade zu deinem Selbstwertgefühl bei, aber genau das ist der richtige Weg.

Ich bekam einen sehr freundlichen Brief von ihnen, in dem sie mir ihre Vergebung zusprachen. Das Interessante ist, dass unsere Beziehung von diesem Tag an viel besser geworden ist und durchaus freundschaftliche Züge angenommen hat. Wir blieben miteinander verbunden bis zu der Zeit, in der sie beide nacheinander heimgerufen wurden, um beim Herrn zu sein. Gottes Weg ist der beste Weg.

Schlechte Vorbereitung für eine Beerdigung

Du denkst jetzt vielleicht, ich habe meine Lektion gelernt, oder? Aber nein. Eines Tages saß ich in meinem Büro und bereitete mich auf meine Rede bei der Beerdigung von Harold Harper vor. Das Telefon klingelte. Es war ein Prediger aus England. Ich schätzte diesen Mann nicht so sehr. Er glaubte an die Entrückung nach der Trübsal. Ich nicht. Er glaubte, dass die Gemeinde durch die Trübsal gehen müsse. Ich nicht. Seine Sicht leugnete das unmittelbar bevorstehende Kommen Christi, d.h. die Naherwartung, der zufolge Jesus heute wiederkommen könnte.

Ziemlich schnell liefen die Drähte heiß. Es war eine schlechte Vorbereitung für eine Beerdigung. Ich versuchte, das Ganze unter den Teppich zu kehren. »Schließlich glaube ich an die Entrückung vor der Trübsal, Herr. Ich spüre, dass ich auf Deiner Seite bin, Herr.«

Einige Jahre später war ich in London und ging eine der Hauptstraßen entlang. Und wieder war es die Stimme des Heiligen Geistes, die mir sagte: »Bill, du hast vielleicht recht mit der Entrückung vor der Drangsal, aber es war nicht richtig, wie du dich verhalten hast.« Wieder spürte ich die überführende Kraft des Heiligen Geistes Gottes in meinem Leben und wusste, was ich zu tun hatte. Genau vor mir befand sich eine rote Telefonzelle. Ich ging hinein, rief bei der Auskunft an und bekam die Nummer von diesem Bruder. Ich wählte die Nummer und hoffte von ganzem Herzen, dass er nicht daheim sein würde. Aber er war daheim. Und er ging ans Telefon. Was konnte ich jetzt tun, außer mich bei ihm zu entschuldigen? Ich änderte nicht meine Lehrmeinung. Meine Sichtweise bezüglich der Prophetie hat sich bis zu diesem Tag nicht gewandelt, aber ich entschuldigte mich für die Art, wie ich mich verhalten hatte. Und was antwortete er? Er fragte mich, ob wir am nächsten Tag gemeinsam Mittagessen gehen wollten und ob ich in seiner Gemeinde predigen wollte. Weißt du, was das war? Das war eine Stärkung unserer Beziehung, keine Abschwächung. Gottes Weg ist der beste Weg, aber wir sehen das nicht immer sofort. Ich hatte eine gute Lektion gelernt. Wenn du einen Fehler gemacht hast, halte nicht stur daran fest. Bekenne ihn und bringe die Dinge in Ordnung. Auf diese Weise lernst du die befreiende Macht des Heiligen Geistes Gottes in deinem Leben kennen.

Weine mit den Weinenden

Als ich bei Emmaus arbeitete, war der Vorsitzende ein Mann namens Theo McCully. Theo und seine Frau Lois waren die Eltern von Ed McCully, einem der Märtyrer von Ecuador. Theo gehörte auch dem Vorstand eines christlichen Krankenhauses in Chicago, des Belmont Hospital, an. Eines Abends gab es ein Essen zu Ehren der Ärzte des Krankenhauses, und Theo und Lois waren natürlich dort. Während des Abendessens bekam Theo schwere Brustschmerzen. Weil er den Programmablauf nicht stören wollte, verließ er den Raum. Seine Frau musste entscheiden, ob sie ihn in ein Krankenhaus dort in Chicago bringen sollte – was ein weiter Weg von Wheaton, ihrem Wohnort, aus war –, oder ob sie nach Wheaton fahren und ihn dort in ein Krankenhaus bringen sollte, wo sie ihn einfacher besuchen konnte. Sie entschied sich für Letzteres. Er setzte sich auf den Rücksitz des Autos. Während sie fuhr, rang er mit dem Tod. Schließlich kamen sie im Krankenhaus an.

Um zwei Uhr morgens klingelte mein Telefon. Es war Lois. Sie sagte: »Bill, Theo ist heimgegangen, um beim Herrn zu sein.« Das traf mich unerwartet. Ich wusste nichts über das Abendessen oder die Brustschmerzen. Ich hatte wirklich nicht damit gerechnet. Ich fragte: »Wo bist du jetzt, Lois?« Sie sagte: »Ich bin zu Hause, aber ich mache mich gerade fertig, um zum Flughafen zu fahren und dort Peg (ihre Tochter) zu treffen. Peg ist von Seattle aus losgeflogen, um zu mir zu kommen. Sie weiß noch nicht, dass ihr Vater gestorben ist.«

Ich hätte sofort sagen sollen: »Ich treffe dich am Flughafen.« Aber das tat ich nicht. Sobald ich den Hörer aufgelegt hatte, zog ich mich trotzdem an, stieg ins Auto und raste zum O'Hare International Airport. Wenn du irgendwann einmal einen verlassenen, einsamen Ort sehen willst, dann ist das O'Hare um 3 Uhr morgens. Und da saß Lois McCully ganz allein und wartete darauf, dass Pegs Flugzeug landete. Ich ging zu ihr, und wir saßen da und redeten. Schließlich landete das Flugzeug, und sobald Peg aus dem Flugzeug kam, konnte sie an dem Gesicht ihrer Mutter erkennen, dass ihr Vater gestorben war. Als ich ihnen half, ihr Gepäck vom Laufband in das Auto zu bringen, sagte Lois: »Willst du mit uns nach Hause kommen?« Ich dachte, dass vielleicht Mutter und Tochter unter sich sein wollten, um offen reden zu können. Also entschuldigte ich mich und sagte, dass ich lieber fahren und zurück an meine Arbeit gehen sollte. Das war ein anderer grober Fehler. Sie erzählten mir später, dass dies der längste Tag ihres Lebens gewesen war. Die beiden waren allein und warteten auf Jay[25], der das Flugzeug von Oklahoma nach Chicago genommen hatte.

Ich lernte an diesem Tag eine wichtige Lektion. Wenn Leute Schwierigkeiten, Krankheiten und Trauer durchleben, hat man manchmal Angst, mit ihnen zusammen zu sein. »Ich weiß nicht, was ich sagen soll.« Und wir gehen nicht zu ihnen, obwohl es eigentlich richtig wäre, hinzugehen und einfach bei ihnen zu sein. Wenn du nicht weißt, was du sagen sollst, macht das nichts aus. Sag einfach nichts. Sei einfach da. Es ist schlimmer, wenn du zwanghaft redest und Römer 8,28 zitierst: »… dass … alle Dinge zum Guten mitwirken.« Das ist nicht der richtige Vers für einen derartigen Zeitpunkt.

Ich hatte immer Angst, in Kliniken oder zu Menschen nach Hause zu gehen, wo jemand gestorben war. Ich denke, dieses Erlebnis hat mir geholfen, diese Angst zu überwinden. Mein Rat: Geh einfach. Lege deinen Arm um die trauernde Person und lass sie wissen, dass du Anteil nimmst. Bete mit der Familie, wenn sich eine Gelegenheit bietet. Lies den Betreffenden das Wort Got-

25 A.d.H.: Spitzname von Dr. John T. McCully (1930–2021), dem jüngeren Sohn von Theo und Lois McCully.

tes vor,[26] aber bleib nicht weg. Es könnte der längste Tag ihres Lebens sein.

Wähle das bessere Teil

Um von einem anderen Bedauern in meinem Leben zu erzählen, gehe ich zu Lukas 10,38. Das ist die Geschichte von Maria und Martha. »Als sie aber weiterzogen, kam er in ein Dorf; eine gewisse Frau aber, mit Namen Martha, nahm ihn in ihr Haus auf. Und diese hatte eine Schwester, genannt Maria, die sich auch zu den Füßen Jesu niedersetzte und seinem Wort zuhörte. Martha aber war sehr beschäftigt mit vielem Dienen; sie trat aber hinzu und sprach: Herr, kümmert es dich nicht, dass meine Schwester mich alleingelassen hat zu dienen? Sage ihr nun, dass sie mir helfen soll. Jesus aber antwortete und sprach zu ihr: Martha, Martha! Du bist besorgt und beunruhigt um viele Dinge; eins aber ist nötig. Denn Maria hat das gute Teil erwählt, das nicht von ihr genommen werden wird.«

Manchmal denke ich, dass im Leben jeder Christ entweder eine Martha oder eine Maria ist. Maria ist diejenige, die zu den Füßen Jesu sitzt, Ihn liebt und Ihn bewundert. Sie lässt erkennen, dass ihr Herz voller Anbetung ist. Martha ist diejenige, die mit vielen Aufgaben beschäftigt ist. Ich muss zugeben, dass ich mehr eine Martha als eine Maria gewesen bin. Es ist bedauerlich.

---

26 A. d. H.: Das widerspricht nicht dem oben Gesagten, denn dort bezieht sich der Autor auf das *zwanghafte* Reden und darauf, dass das Zitieren der *falschen* Bibelstellen unangemessen ist.

Ich habe unter Druck gearbeitet und mich selbst dazu angetrieben, ein Buch fertigzustellen – oder worin auch immer das Projekt bestand. Unterbrechungen missfielen mir. Ich zeigte nur das allernötigste Interesse an Verwandten und Freunden. Ich wählte nicht das bessere Teil.

Es dauerte zu lange, bis ich die Lektion lernte: »Christus fordert von uns niemals einen Dienst, in dem wir so ausgelastet sind, dass keine Zeit mehr bleibt, um zu Seinen Füßen zu sitzen. Die geduldige Haltung, etwas von Ihm zu erwarten, wertet Er oft als einen vollkommenen Dienst.« Ich muss mich immer wieder daran erinnern: »Der Herr wirbt keinen Sklaven an. Er wirbt um eine Braut.«

Ehre deine Eltern

Eines der Dinge, die ich in meinem Leben am meisten bedaure, ist, dass ich meinen Eltern nicht mehr Liebe gezeigt habe. Ich habe sie wirklich geliebt, aber ich habe dies nicht hinreichend gezeigt. Sie kamen im ersten Jahrzehnt des 20. Jahrhunderts in die USA. Sie waren Einwanderer. Mein Bruder und ich gehörten zu denen, »die aus einer anderen Welt kamen«. Unsere Kultur war anders. Meine Eltern sprachen Englisch, aber sie sprachen auch eine andere Sprache, Gälisch. Das kennzeichnete uns als Ausländer. Ich beneidete Kinder in amerikanischen Familien.

Schottische Männer sehen im Grunde davon ab, in der Öffentlichkeit ihre Gefühle zu zeigen. Niemand hat mir das je beigebracht. Vielleicht ist das genetisch bedingt.

Ich kann den Tag nicht vergessen, als ich mein Zuhause verließ, um zur Marine zu gehen. Mein Vater fuhr mich zum Südbahnhof in Boston (Boston South Station). Als wir darauf warteten, dass wir die Bahnsteigsperre passieren konnten, beschränkte sich unser Austausch auf das Notwendigste. Ich bin mir sicher, dass mein Vater sich fragte, ob ich wohl jemals lebend zurückkommen würde. Dann fuhr der Zug endlich ein, und die Leute stiegen ein. Schließlich stand der Schaffner draußen und rief: »Alles einsteigen!« Es war Zeit für den Zug abzufahren. Mein Vater und ich schüttelten uns die Hand, und ich stieg ein. Das war es. Ich machte keine Anstalten, um ihn zu umarmen. Nichts dergleichen. Keine Tränen – und schon gar kein Kuss. Heute schaue ich zurück auf diesen eisigen Abschied und bedaure furchtbar, dass ich mit meinem Vater nicht liebevoller umging. In der Öffentlichkeit gegenseitige Zuneigung zu zeigen, entsprach nicht dem, was man als Schotte tat, aber ich hätte es machen sollen.

Ein zweiter Fehler war, dass ich mich nicht schon früher bekehrt habe. Ich wurde in einem gottesfürchtigen Zuhause erzogen. Von meinen ersten Tagen an kannte ich das Evangelium. Mein Bruder und ich bezeugten den Kindern in der Nachbarschaft den Glauben, obwohl wir selbst noch nicht gerettet waren. Ich kann mich an einen Evangelisten erinnern, der nach evangelistischen Vorträgen unvermittelt auf mich zukam und mich fragte: »Bist du schon gerettet, Bill?« Ich knirschte mit den Zähnen. Ich kämpfte gegen die Errettung. Ich kämpfte gegen den Heiligen Geist.

Stolz hielt mich von Christus ab

Was war es, das mich davon abhielt, Christus zu vertrauen? Ich werde dir sagen, was es war – »abgrundtiefer, widerwärtiger Stolz«, wie Jim Elliot dies nannte. Ich bin überzeugt, dass Stolz auch viele andere Leute davon abhält, Christus zu vertrauen. Aber worauf konnte ich stolz sein? Ich hatte keine der groben Sünden getan, aber ich war auch dazu fähig. Und was ich in meinem Herzen war, war viel schlimmer als irgendetwas, was ich getan hatte.

Ich habe den inständigen Mahnungen des Heiligen Geistes widerstanden, bis ich achtzehn war und mich im letzten Jahr an der Highschool befand.

> Bei Sonne und Regen klopft' Er an meine Tür,
> Langmütig auf mich wartend und pochend für und für.
> Ach, dass Er so geduldig und gnädig war mit mir!
> Wo Er mir doch so kostbar ist.[27]

Trachtest du nach großen Dingen für dich?

Ein anderer großer Fehler in meinem Leben war, dass ich nach großen Dingen für mich trachtete. Ich denke, dass ich von der Persönlichkeit her dem Typ A zugeordnet

27 He stood at my heart's door in sunshine and rain,
And patiently waited an entrance to gain.
What shame, that so long He entreated in vain,
For He is so precious to me.

werden kann – super leistungsorientiert und ehrgeizig. Als ich am College war, arbeitete ich bei der College-Zeitung mit. Als der Zeitpunkt gekommen war, einen neuen Redakteur für das nächste Jahr zu ernennen, gab es zwei von uns, die offensichtlich gleichermaßen qualifiziert waren. Und die Verantwortlichen überlegten hin und her, wen sie wählen sollten. Der andere war ein Mitglied einer Studentenverbindung. Ich nicht. Das sprach für ihn. Sie wogen das Pro und Kontra hinsichtlich aller Aspekte ihrer Entscheidung ab. Schließlich baten sie mich, dem anderen das Amt zu überlassen. Es hätte der Haltung eines Christen entsprochen, dies zu tun. Aber ich trachtete nach großen Dingen für mich und weigerte mich. Und so ernannte man in diesem Jahr zwei Redakteure, einen für das erste Semester und den anderen für das zweite Semester. Das ist noch nie zuvor in der Geschichte des College vorgekommen. Du sagst: »War das nicht in Ordnung?« Nein, es war nicht in Ordnung. Ich trachtete nach großen Dingen für mich. Und in diesem Jahr wurde während meiner Zeit als Redakteur in der Zeitung etwas gedruckt, was nie hätte gedruckt werden sollen. Ich habe bittere Tränen darüber vergossen. Der Herr redete diesbezüglich deutlich zu mir, und zwar durch Sein Wort: »Und du trachtest nach großen Dingen für dich? Trachte nicht danach!« (Jeremia 45,5a).

Die Wahrnehmung entspricht nicht immer der Realität

Ich denke, es gibt keine Woche, die vorübergeht, ohne dass ich daran denke, was die Bibel in Johannes 7,24 sagt: »Richtet nicht nach dem Schein, sondern richtet ein gerechtes Gericht!« Das erinnert mich daran, wie sehr meine Augen mit Sünde zu tun haben. Ich urteile die ganze Zeit nach dem äußeren Schein.

Ich weiß, dass man ein Buch nicht nach dem äußeren Schein beurteilen kann. Ich besaß viele abgegriffene, alte Bücher, die unbezahlbar waren. Und ich habe auch viele wettergegerbte Christen getroffen, die nie einen Schönheitswettbewerb gewonnen hätten, aber ihr Leben war ein Wohlgeruch für Christus. Man kann nicht nach dem Aussehen gehen. Ich muss mich selbst die ganze Zeit daran erinnern. Und ich denke an die Fehler, die ich über die Jahre hinweg gemacht habe, als ich Leute nach ihrem Aussehen bewertet habe, anstatt sie wirklich kennenzulernen und Christus in ihnen zu sehen. Das ist ein viel besserer Weg.

Lebenslanges Bedauern

Ich diente bei der Marine in Kansas City als Disponent eines Lufttransportgeschwaders. Es war eine sehr kleine Gruppe. Da dauerte es nicht lange, bis man alle Mitarbeiter kennengelernt hatte. Eines Abends ging ich in die Offiziersmesse, wie der Speisesaal beim Militär heißt.

Es befand sich nur ein Offizier dort, ein Pilot namens Max Knudsen aus Minnesota. Er hatte seinen Abschluss auf dem St. Olaf College in Minnesota gemacht. Als er dort saß, sein Steak genoss und den *Kansas City Star* las, bekam ich einen deutlichen Hinweis vom Herrn: »Rede mit Max über seine Rettung.« Ich sagte: »Herr, Max liest gerade die Zeitung, und er will bestimmt nicht dabei unterbrochen werden.« Ich aß weiter, und wieder verspürte ich diesen sehr eindeutigen Impuls: »Rede mit Max über seine Rettung.« Ich habe es nicht getan. Diesbezüglich habe ich mit dem Herrn regelrecht gerungen.

In dieser Nacht steuerten Max und ein Kopilot einen Frachtflug Richtung Oakland in Kalifornien. Das Flugzeug verschwand plötzlich vom Radar. Die Marine konnte es nicht finden. Ich fragte mich, wie ein Flugzeug in den Vereinigten Staaten einfach verschwinden konnte. Man sandte Suchtrupps entlang der Flugroute aus, konnte aber nichts finden.

Als im Frühling Tauwetter einsetzte, bestiegen einige Pfadfinder die San Francisco Peaks außerhalb von Winslow in Arizona. Sie sahen die Umrisse eines Flugzeughecks aus dem Schnee ragen und meldeten dies umgehend. Als die Angehörigen des Suchtrupps dort ankamen, fanden sie zwei Leichen im Flugzeug, Max Knudsen und seinen Kopiloten. Die Nachricht erschütterte mich. Aber die Realität traf mich stärker, als ich eines Tages am Hangar vorbeiging. Die verantwortlichen Männer hatten die Koffer dieser beiden Männer zurückgeholt und nahmen den Bestand auf. Es waren Planen auf dem Deck ausgebreitet mit den ganzen Utensilien der beiden Piloten. Und das traf mich wie ein Blitz. Ich rannte in mein Zimmer, ging auf meine Knie und schrie aus meinem Herzen zum Herrn.

Es ist etwas Schlimmes, das Heilmittel zu kennen und es anderen nicht zu sagen. Erfreulicherweise konnte der Herr sogar aus meinem Versagen etwas Gutes hervorbringen. Zu dieser Zeit wusste ich, dass ich nach Oakland in Kalifornien versetzt werden sollte. Und ich betete: »Herr, wo immer ich auch hinkomme, lass dort bitte eine Bibelgruppe sein, in der wir den Kameraden den Weg der Rettung zeigen können.« Ich glaube, dass sich der Herr trotz all der Dinge, die wir gedankenlos und aus Ungehorsam tun, letztendlich als der erweisen kann, der Seinen Plan dennoch ausführt. Ich wurde zur Naval Reserve Air Base versetzt, einem Luftwaffenstützpunkt am nördlichen Ende des Flughafens von Oakland. Am ersten Sonntag ging ich in die Bethany Church in Oakland. Sobald die dortigen Christen hörten, wo ich arbeitete, sagten sie: »Dort gibt es einen Kameraden, den du wirklich kennenlernen musst. Es ist ein Marinesoldat, der für den Herrn brennt!« Ich fand ihn am nächsten Tag in der Versorgungsabteilung. Kurz gesagt, wir konnten mit einer Bibelgruppe beginnen, die es dort gab, bis der Stützpunkt am Ende des Krieges stillgelegt wurde. Etliche Kameraden lernten den Herrn dort kennen. Ich bin sicher, dass viele von diesen Kameraden, die in See stachen, nie mehr zurückkamen. Aber sie gingen als Gläubige in die Ewigkeit. Das war die gute Seite der Geschichte. Die schlechte Seite war, dass der Herr mir gesagt hatte, ich sollte Ihn vor Max Knudsen bezeugen, und ich habe es nicht getan.

Nicht genug Zeit mit gebeugten Knien

Ich bedaure, dass ich nicht mehr gebetet habe. Natürlich war Gebet ein wichtiger Teil meines Lebens. Aber ich habe nicht so viel gebetet, wie es für mich angemessen gewesen wäre. Und ich stelle mir wirklich vor, dass es mir – wenn ich in den Himmel kommen werde – leidtun wird. Dann werde ich wohl an das Wort von Jakobus denken: »Ihr habt nichts, weil ihr nicht bittet.«[28] Ich denke, dass ich Kisten in der Lagerhalle des Himmels sehen werde, die Antworten zu den Gebeten beinhalten, die ich nie gebetet habe.

- Ich habe mich nicht an die Verantwortlichen meiner Heimatgemeinde in Massachusetts gewandt und sie nicht darum gebeten, mich zu empfehlen.[29]
- Ich habe die Ältesten meiner Gemeinde in Oakland nicht um Rat gefragt, was den vollzeitlichen Dienst anging.[30]

---

28 A. d. Ü.: Jakobus 4,2.

29 A. d. H.: Hier geht es um Empfehlungsschreiben für den Besuch in anderen Gemeinden (vgl. Apostelgeschichte 18,27; Römer 16,1-2; 1. Korinther 16,3; 2. Korinther 3,1).

30 A. d. Ü.: William MacDonald wurde von Ed Harlow und anderen ermutigt, seine Arbeit im christlichen Buchladen aufzugeben und bei der Emmaus-Fernbibelschule mitzuhelfen. Er hat die Pläne den Ältesten seiner Gemeinde in Oakland mitgeteilt, aber sie fast vor vollendete Tatsachen gestellt. Er hat sehr bedauert, dass er sie nicht in den Prozess der Entscheidungsfindung und Führung durch den Herrn einbezogen hat und sie nicht schon viel früher um Rat und Fürbitte gebeten hat. Genauso hat er es sehr bedauert, dass er mit seiner früheren Gemeinde in Massachusetts nicht darüber gesprochen hat. Bevor William MacDonald aber Weiteres darüber schreiben konnte, hat der Herr ihn heimgerufen.

7. Zehn ausgezeichnete Lieder und Gedichte – Epheser 5,18-19

Als ich englische Komposition studierte, lernte ich, dass Poesie der Ausdruck großartiger Gefühle in rhythmischer und metrischer Sprache ist. Die Definition ist nicht mehr zutreffend, wenn es um moderne Poesie geht, aber sie gilt bei den Liedtexten und Gedichten, die wir jetzt untersuchen werden.

Ich würde die ersten beiden zu den großartigsten Liedern zählen, die ich kenne. Wenn das irgendjemand bestreiten will, dann ziehe ich meine Nominierung zurück und sage, dass es meine zwei Lieblingslieder sind.

Schau ich zu Deinem Kreuze hin

Isaac Watts (1674–1748)

Obwohl Isaac Watts viele Jahre lang Pastor einer Gemeinde in London war, ist er am meisten für seine Lieder bekannt. Er hatte von jungen Jahren an die Gabe der Dichtung. So sehr, dass er in normalen Gesprächen reimen konnte, während er redete. Eines Tages war sein Vater von dieser seltsamen Angewohnheit genervt und verabreichte dem kleinen Isaac eine Tracht Prügel. Der begabte Junge platzte unter vielen Tränen heraus: »O father, do some pity take, / and I will no more verses make.« (»O Vater, erbarm dich mir, / nie mehr mach ich Reime dir.«) Der Vater kam wohl zu dem Schluss, dass sein Sohn nicht vom Dichten kuriert werden konnte.

Das Lied »Schau ich zu Deinem Kreuze hin« hat eine spezielle Bedeutung. Die Botschaft ist klar: Wenn der menschgewordene Sohn Gottes für mich gestorben ist, dann muss Er alles von mir bekommen.[31] Es geht um alles oder nichts.

1. Blickt man zum Kreuz des Heilands hin,
Wo Gottes Sohn sich gab für mich,
Ist nichts auf Erden uns Gewinn,
Und allen Stolzes schämt man sich.

2. Lass, Herr, nicht zu, dass ich vertrau
Auf eitles Tun und Erdengut!
Nur Jesu Tod sei all mein Ruhm,
Und alles lass ich für Sein Blut.

3. Am Kreuze floss Sein teures Blut,
Aus Liebe, und das mir zugut.
Und, ach, Sein Haupt war dorngekrönt!
So hat Er uns mit Gott versöhnt.

31 A. d. Ü.: Weil das in der gängigen deutschen Fassung von Günter Balders (»Schau ich zu Deinem Kreuze hin«) nicht so deutlich wird, folgt hier die wörtlichere Wiedergabe von Hermann Grabe.

4. Ach, wär die ganze Welt auch mein,
Sie wär zum Opfer noch zu klein;
Denn solche Lieb voll Himmelsglanz
Fordert mein Herz, mein Leben ganz.[32]

Kann's sein, dass Christus für mich starb

Charles Wesley (1707–1788)

Charles war das 18. Kind von Samuel und Susanna Wesley. Er wurde ein Prediger (auch unter freiem Himmel) und mit seinem Bruder John einer der Gründer der Methodisten. Aber seine Berühmtheit liegt in den Tau-

32 **When I survey the wondrous Cross**
Isaac Watts

1. When I survey the wondrous Cross
On which the Lord of Glory died,
My richest gain I count but loss,
And pour contempt on all my pride.

2. Forbid it, Lord, that I should boast,
Save in the cross of Christ, my God;
All the vain things that charm me most,
I sacrifice them to His blood.

3. See, from His head, His hands, His feet,
Sorrow and love flow mingled down;
Did e'er such love and sorrow meet,
Or thorns compose so rich a crown?

4. Were the whole realm of nature mine,
That were an off'ring far too small;
Love so amazing, so divine,
Demands my heart, my life, my all!

A.d.H.: Die ursprüngliche Version von Isaac Watts hat sechs Strophen. Man beachte außerdem, dass es auch bei den verschiedenen englischsprachigen Wiedergaben leichte textliche Abweichungen gibt.
Neben der oben wiedergegebenen Nachdichtung von Hermann Grabe gibt es mindestens vier weitere deutsche Versionen: »Schau ich zu jenem Kreuze hin« von Walter Rauschenbusch, »Schau ich zu Deinem Kreuze hin« von Günter Balders, »Seh ich Dein Kreuz, das Marterholz« von William Kaal und »Wenn ich das Kreuz dort auf Golgatha seh« von Johannes Jourdan.

senden Liedern, die er geschrieben hat. Ein Biograf zählte 7270 Lieder.

»Kann's sein, dass Christus für mich starb?« ist eines der beliebtesten christlichen Lieder. Gläubige können sein Empfinden für das Wunder erkennen, dass jemandem, der so unwürdig ist, jemals eine solche göttliche Liebe gelten könnte. Er ringt nach Worten, wenn er das Wunder der Menschwerdung und den unbeschreiblichen Tod des Retters auf Golgatha bedenkt. Er erzählt von der Finsternis seines Zustands, in dem er von Geburt an war, von seiner wundervollen Erlösung, als die Ketten der Sünde fielen, und von seinem neuen Leben in Christus.

Seine fortwährende Frage liegt in den Worten des Refrains: »Wie tief neigst Du, Herr Jesus, Dich, / dass Du, mein Gott, hier stirbst für mich?« Für mich ist das der größte Gedanke, der jemals einem Menschen durch den Kopf ging.

1. Kann's sein, dass Christus für mich starb,
   Der ich nur Kummer Ihm gemacht?
   Dass Er mir ew'ges Heil erwarb,
   Der ich Ihm doch den Tod gebracht?
   Ich bet die Liebe staunend an,
   die dieses Werk für mich getan.

Refrain: Wie tief neigst Du, Herr Jesus, Dich,
Dass Du, mein Gott, hier stirbst für mich?

2. Das Leben stirbt – wer kann's verstehn?
   Wer kann begreifen Seinen Rat?

Die stärksten Engel staunend sehn
Die Tiefe dessen, was Gott tat.
So liebt Er uns; drum betet an,
Was unser Geist nicht fassen kann.

3. Er stieg von Seines Vaters Thron.
So endlos hat Er uns geliebt.
Er litt den Tod, der Sünde Lohn,
Für uns, die Ihn so oft betrübt.
Nur Gnade ist's – das rühme ich;
Denn – o, mein Gott – sie fand auch mich.

4. Mein Geist in Sündenketten lag,
Im Kerker tiefster Irrtumsnacht;
Doch plötzlich war es heller Tag,
Das Dunkel wich des Lichtes Macht.
Die Kette fiel, ich war befreit.
Nun folg ich Dir in Ewigkeit.

5. Verdammnis fürcht' ich nun nicht mehr,
Jesus gab mir ein weißes Kleid.
Ich leb in Ihm, Er ist mein Herr,
Jetzt schon und bis in Ewigkeit.
Einst trag ich dann vor Seinem Thron
Die mir von Ihm erworb'ne Kron.[33]

---

33 **And can it be that I should gain**
Charles Wesley

1. And can it be that I should gain
An int'rest in the Savior's blood?
Died He for me who caused His pain,
For me who Him to death pursued?
Amazing love, how can it be,
That Thou my God should die for me?

Laut rühmet Jesu Herrlichkeit

Edward Perronet (1721–1792)

Weil der Autor zur gleichen Zeit wie John und Charles Wesley lebte, war er wie sie an den Anfängen der methodistischen Kirche beteiligt.

Die Großartigkeit seines Liedes ist die erhabene Art, in der sie das ganze Universum aufruft, dem Herrn Jesus die größte Ehre zu geben. Perronet ruft konkret die Heerscharen der Engel, die losgekauften Heiligen und jeden Stamm sowie jedes Volk dazu auf, Ihn mit dem königlichen Diadem zu krönen und Ihn als den Herrn aller anzuerkennen. Die letzte Strophe schaut

---

2. 'Tis mystery all, th' Immortal dies;
Who can explore His strange design?
In vain the first-born seraph tries
To sound the depths of love divine!
'Tis mercy all, let earth adore,
Let angel minds inquire no more.

3. He left His Father's throne above,
So free, so infinite His grace,
Emptied Himself of all but love,
And bled for Adam's helpless race.
'Tis mercy all, immense and free,
For O my God, it found out me!

4. Long my imprisoned spirit lay
Fast bound in sin and nature's night;
Thine eye diffused a quick'ning ray,
I woke, the dungeon flamed with light;
My chains fell off, my heart was free;
I rose, went forth, and followed Thee.

5. No condemnation now I dread;
Jesus, and all in Him, is mine!
Alive in Him, my living Head,
And clothed in righteousness divine.
Bold I approach th' eternal throne,
And claim the crown, through Christ, my own.

A.d.H.: Es gibt weitere deutsche Nachdichtungen dieses Liedes, darunter »Kann es denn sein, dass Gott mir gibt« von Christoph Klaiber.

voraus auf die Zeit, in der die heilige Schar zu Seinen Füßen niederfallen wird und Ihn mit ewigem Lobgesang zum König der Könige und Herrn der Herren krönen wird.

1. Laut rühmet Jesu Herrlichkeit,
Ihn preist die Engelwelt,
Ihn preist die Engelwelt.
Die Krone bringt, das Purpurkleid
Und krönt Ihn, krönt Ihn, krönt Ihn, krönt Ihn,
Krönt Ihn zum Herrscher aller Welt!

2. Du Same Jakobs, Gott geweiht,
Vom Falle hergestellt,
Vom Falle hergestellt.
Preist Ihn, des Gnade euch befreit,
Und krönt Ihn, krönt Ihn, krönt Ihn, krönt Ihn,
Krönt Ihn zum Herrscher aller Welt!

3. Dass jedes Volk auf dieser Erd'
Anbetend niederfällt,
Anbetend niederfällt
Und Ihn lobpreist – Er ist es wert,
Und krönt Ihn, krönt Ihn, krönt Ihn, krönt Ihn,
Krönt Ihn zum Herrscher aller Welt!

4. O dass ihr mit der heil'gen Schar,
Die Ihm zu Füßen fällt,
Die Ihm zu Füßen fällt,
Des Lammes Lob singt immerdar,

Und krönt Ihn, krönt Ihn, krönt Ihn, krönt Ihn,
Krönt Ihn zum Herrscher aller Welt![34]

Der Herr ist unsere Gerechtigkeit – Jehovah Tsidkenu (Jeremia 23,6; 33,16)

Robert Murray M'Cheyne (1813–1843)

Robert Murray M'Cheyne war so etwas wie ein geistlicher Held in unserem schottischen Zuhause. Wir hörten mit Staunen von seinem christusähnlichen Leben.

---

34 **All Hail the Pow'r of Jesus' Name**
Edward Perronet

1. All hail the pow'r of Jesus' name!
Let angels prostrate fall;
Bring forth the royal diadem,
And crown Him Lord of all;
Bring forth the royal diadem,
And crown Him Lord of all!

2. Ye chosen seed of Israel's race,
Ye ransomed from the fall,
Hail Him who saves you by His grace,
And crown Him Lord of all;
Hail Him who saves you by His grace,
And crown Him Lord of all!

3. Let every kindred, every tribe,
On this terrestrial ball,
To Him all majesty ascribe,
And crown Him Lord of all;
To Him all majesty ascribe,
And crown Him Lord of all!

4. O that with yonder sacred throng
We at His feet may fall,
We'll join the everlasting song,
And crown Him Lord of all;
We'll join the everlasting song,
And crown Him Lord of all!

A.d.H.: Die Grundfassung der deutschen Übertragung geht auf Gotthelf Bernhard Kühn (1863–1914) zurück). Neben dieser Nachdichtung gibt es noch weitere Versionen, z.B. »Preis sei dem Namen Jesu Christ« von F. Friedrich.

Wenn er einen Raum betrat, wo andere versammelt waren, war es, als ob ein Licht aufleuchten würde. Er verbreitete den Wohlgeruch Christi, wohin immer er ging. Die Leute sahen etwas von der heiligen Pracht, die sein Wesen kennzeichnete. Wir hörten oft, dass sein Leben »Schottland geprägt hat«, als er mit 29 Jahren gestorben ist.

Jehovah Tsidkenu ist einer der zusammengesetzten Namen Gottes im Alten Testament. Er bedeutet »der HERR, unsere Gerechtigkeit« (Jeremia 23,6; 33,16). In diesem Lied zeichnet M'Cheyne die Schritte seiner geistlichen Reise nach – als Erstes ein intellektuelles Wissen über die Bibel ohne Interesse des Herzens, dann die Tatsache, dass ihm – gewirkt durch das Gesetz Gottes – seine Sündhaftigkeit bewusst wird, gefolgt von der Erkenntnis seiner Verlorenheit, seine letztendliche Kapitulation vor dem Herrn, seine Freude im Herrn und seine ewige Sicherheit. Glückselig sind all jene, die diese geistliche Erfahrung, bekannt als die neue Geburt, gemacht haben.

1. Einst war'n sie mir fremd: Gottes Gnade und Huld,
Wusst' nichts von der Hölle, nichts von meiner Schuld.
Pries jemand Christus: »Er starb auch für dich!«,
Sagte ich einfach: »Jahwe Tsidkenu ist nichts für mich.«

2. Oft las ich im Alten und Neu'n Testament,
Was uns von Gott und vom Himmelreich trennt;
Oft las ich vom Kreuz und von Blut und Gericht,
Doch blieb es dabei: Jahwe Tsidkenu brauche ich nicht.

3. Oft konnt' ich's nicht fassen, was sie Ihm getan:
Sie klagten den völlig Unschuldigen an;
Doch dass Er für mich litt, kam mir nicht in Sicht.
So blieb es dabei: Jahwe Tsidkenu brauche ich nicht.

4. Als Gott sich erbarmte und Licht mir gebracht,
Erschrak ich als Sünder: »Was hab ich gemacht?«
Wo Rettung? Wo Heilung? In mir war sie nicht.
Doch bald merkte ich: Jahwe Tsidkenu bewahrt vor'm Gericht.

5. Mein Schrecken verschwand, als der Herr selber kam.
Meine Schuld war gesühnt, und die Freiheit ich nahm,
Vom Wasser zu trinken, das quillt ewiglich,
Sodass es jetzt heißt: Jahwe Tsidkenu ist alles für mich.

6. Jahwe Tsidkenu, Du bist jetzt mein Ruhm,
Und ich bin für immer Dein Leibeigentum.
Mit Dir überwind ich in Kampf und in Not.
Du bist mein Anker, mein Trost und mein Gott.

7. Und nahn die Schatten des Todes heran,
Soll diese Losung selbst dann mich erfreun:
Will Gott mich vom irdischen Leben befrein,
Soll Jahwe Tsidkenu mein Sterbelied sein.[35]

---

35 **Jehovah Tsidkenu**
Robert Murray M'Cheyne

1. I once was a stranger to grace and to God,
I knew not my danger, and felt not my load;
Though friends spoke in rapture of Christ on the tree,
Jehovah Tsidkenu was nothing to me.

2. I oft read with pleasure to soothe or engage,
Isaiah's wild measure and John's simple page;
But e'en when they pictured the blood-sprinkled tree,
Jehovah Tsidkenu seemed nothing to me.

3. Like tears from the daughters of Zion that roll,
I wept when the waters went over His soul;
Yet thought not that my sins had nailed to the tree
Jehovah Tsidkenu – 'twas nothing to me.

4. When free grace awoke me with light from on high,
Then legal fears shook me, I trembled to die;
No refuge, no safety in self could I see –
Jehovah Tsidkenu my Savior must be.

5. My terrors all vanished before the sweet name,
My guilty fears banished, with boldness I came
To drink at the fountain, life-giving and free –
Jehovah Tsidkenu is all things to me.

6. Jehovah Tsidkenu! my treasure and boast,
Jehovah Tsidkenu! I ne'er can be lost;
In Thee I shall conquer by flood and by field,
My cable, my anchor, my breastplate and shield.

7. E'en treading the valley, the shadow of death,
This watchword shall rally my faltering breath;
For while from life's fever my God sets me free,
Jehovah Tsidkenu my death-song shall be.

A.d.H.: Obwohl im Deutschen die Namensform »Zidkenu« gebräuchlicher ist, wurde hier aus Gründen der Übereinstimmung die Originalform »Tsidkenu« beibehalten.

Die »Letzten Worte« von Samuel Rutherford[36]

Anne Ross Cousin (1824–1906)

Samuel Rutherford (ca. 1600 bis 1661) war Pastor und zeitweise Professor an der St. Andrews University in Schottland. Wegen seiner Weigerung, sich vor dem König zu beugen und sich an die offizielle Kirche anzupassen, wurde er immer wieder verfolgt und ins Gefängnis gesperrt. Er war ein vielseitig tätiger Autor, am besten bekannt für seine Briefe.

Das Gedicht mit seinem Namen im Titel wurde viele Jahre später von Anne Ross Cousin geschrieben. Sie tauchte so sehr in seine Schriften und Geschichte ein, dass sie fähig war, seinen gottgemäßen Geist in diesem bemerkenswerten Lied mit 18 Strophen einzufangen.

Kurz bevor er starb, erhielt er eine Vorladung zum Parlament. Er sagte leise: »Ich habe eine Vorladung vor einen höheren Richter.« Seine Antwort an das Parlament war: »Ich muss zu meiner ersten Vorladung erscheinen, und bevor Ihr Tag kommt, werde ich dort sein, wo wenige Könige und viel Volk hinkommen.«

Es sind insgesamt 18 Strophen. Hier sind einige davon:

Die Sanduhr ist am Ende,
Des Himmels Tag bricht an,
Und der ersehnte Morgen
Des Sommers kommt heran.
Die Mitternacht war finster,

36 A. d. Ü.: Auch bekannt als »Oh, Christ, He is the fountain«. A. d. H.: Es gibt auch Versionen mit 19 Strophen.

Bald scheint die Sonn' ins Land,
Und Herrlichkeiten wohnen
Dort, in Immanuels Land.

Ich trank von Erdenströmen
Und hab genug davon.
Von Dir, Herr, möcht' ich nehmen,
Der Du der Liebe Bronn,
Und von dem Meer dort trinken
Aus deiner Gnadenhand
Und niemals wieder dürsten –
Dort, in Immanuels Land.

Aus Gnade und Gerichten
War meine Zeit gewebt.
Doch auch den Tau der Trübsal
Hat Deine Hand belebt.
Ich preise Deine Führung
Und auch Dein Herz, das plant,
Bis ich einst droben throne –
Dort, in Immanuels Land.

Mein Bräut'gam bringt mich Armen
Hinein ins Haus voll Wein.
Er hat mich sich erworben,
Und ich bin ewig Sein.
Das gilt mir ja auch jetzt schon
Und ist mein sichrer Stand,
Nicht erst, wenn alles herrlich
Dort, in Immanuels Land.

Die Braut schaut nicht auf Kleider,
Sie sucht des Bräut'gams Blick.
Nicht Pracht ringsum erfreut sie;
Der König ist ihr Glück.
Sie schaut anstatt auf Kronen
Auf die durchbohrte Hand.
Dem Lamm gilt all ihr Rühmen
Dort, in Immanuels Land.

Des Königs große Schönheit
Ist unverhüllt zu sehn.
Selbst sieben Tode lohnt es,
Einmal dort einzugehn.
Das Lamm mit Seinem Heere
Nimmt dort auf Zion Stand,
Und Herrlichkeiten wohnen
Dort, in Immanuels Land.

Ach, guter Weggefährte,
Ich lieb dich inniglich.
Selbst noch am Rand des Himmels
Wein ich dort über dich.
Träf ich doch deine Seele
Zu Gottes rechter Hand,
Wär's mir ein zweiter Himmel
Dort, in Immanuels Land.[37]

37 **Oh, Christ, He is the Fountain**
Anne Ross Cousin (1824–1906)

The King there in His beauty
Without a veil is seen;
It were a well-spent journey,

Though seven deaths lay between.
The Lamb, with His fair army,
Doth on Mount Zion stand,
And glory, glory dwelleth
In Immanuel's land.

Fair Anwoth by the Solway,
To me thou still art dear;
E'en from the verge of heaven
I drop for thee a tear.
Oh, if one soul from Anwo'th
Meet me at God's right hand,
My heav'n will be two heavens
In Immanuel's land.

The sands of time are sinking,
The dawn of heaven breaks,
The summer morn I've sighed for –
The fair, sweet morn awakes.
Dark, dark hath been the midnight,
But dayspring is at hand,
And glory, glory dwelleth
In Immanuel's land.

Oh, Christ, He is the fountain –
The deep, sweet well of love!
The streams on earth I've tasted,
More deep I'll drink above.
There, to an ocean's fullness,
His mercy doth expand,
And glory, glory dwelleth
In Immanuel's land.

With mercy and with judgment
My web of time He wove,
And aye the dews of sorrow
Were lustred with His love.
I'll bless the hand that guided,
I'll bless the heart that planned,
When throned where glory dwelleth,
In Immanuel's land.

Oh! I am my Beloved's,
And my Beloved's mine!
He takes a poor vile sinner
Into His house of wine!
I stand upon His merit.
I know no other stand,
Not e'en where glory dwelleth,
In Immanuel's land.

The bride eyes not her garment,
But her dear Bridegroom's face:
I will not gaze at glory,

The Maker of the Universe
(Der [leidende] Schöpfer des Universums)
F.W. Pitt (1859–1943)

Frederick William Pitt ist bekannter als Autor dieses Gedichts als für seinen Pastorendienst in London. Die Attraktivität des Gedichts liegt darin, dass es wagt, eine großartige, überwältigende Wahrheit zu verkünden: Derjenige, der am Kreuz von Golgatha starb, ist der Schöpfer des Universums. Nichts regt mehr zur Anbetung an als die Erkenntnis, dass unser Gott für uns starb.

Es wäre ein Leben wert, ein derartiges Gedicht zu schreiben.

1. Der Schöpfer des Universums
Wurde Mensch und wurde ein Fluch an unserer statt.
Die Forderungen der Gesetze, die Er selbst einst gab,
Hat Er aufs Völligste bezahlt.
Seine heiligen Finger haben den Busch geschaffen,
An dem die Dornen für Seine Krone wuchsen.
Die Nägel, die Seine Hände durchbohrten,
Sind aus dem Erz, das Er in den Bergen verborgen hatte.

But on the King of grace.
Not at the crown He giveth,
But on His pierced hand.
The Lamb is all the glory
Of Immanuel's land.

A.d.H: Anwoth war der Heimatort Rutherfords. Weil es sich um eine Auswahl handelt, wurde auf eine Nummerierung der Strophen verzichtet.

2. Er starb an einem Kreuz aus Holz
Und hatte doch jenen Wald geschaffen,
In dem der Baum wuchs, den man dafür nahm.
Er hatte selbst den Hügel gemacht, auf dem das Kreuz stand.
Der Himmel, der sich über Seinem Haupt verfinsterte,
Wurde von Ihm selbst über der Erde ausgespannt.
Die Sonne, die vor Ihm ihr Antlitz verbarg,
Setzte Er durch Sein Schöpferwort in das All!

3. Der Speer, der Sein kostbares Blut herausfließen ließ,
Wurde in Seinen Feuern geschmiedet.
Das Grab, in das Sein Leib gelegt wurde,
War in Felsen gehauen, von Seinen Händen gebildet.
Der Thron, auf dem Er jetzt sitzt,
War schon von Ewigkeit her Sein Thron!
Aber jetzt krönt Ihn auch die Ehre als Erlöser,
Und jedes Knie wird sich vor Ihm beugen.[38]

---

38 **The Maker of the Universe**
F. W. Pitt

1. The Maker of the universe
As man for man was made a curse;
The claims of laws which He had made
Unto the uttermost He paid.
His holy fingers made the bough
Where grew the thorns that crowned His brow;
The nails that pierced His hands were mined
In secret places He designed.

2. He made the forest whence there sprung
The tree on which His body hung;
He died upon a cross of wood,
Yet made the hill on which it stood!

Herr, in der Fülle meiner Kraft

Thomas H. Gill (1819–1906)

Das ist ein einzigartiger Ausdruck des Bestrebens eines jungen Gläubigen, dessen Herz für Christus brennt. Er will Jesus die goldene Zeit seines Lebens geben. Er will nicht sein Bestes der Welt geben und dann die verbrauchten Reste dem Herrn anbieten. Dem Herrn gebührt nicht weniger als sein Herz, sein Leben, sein Alles.

Ich habe gehört, dass dies ein Lieblingslied von einem der fünf Märtyrer war, die in Ecuador ihr Leben für Christus gaben.[39] Er hat seinem Retter sein Leben als Opfer dargebracht, und sein Opfer wurde am Ufer des Curaray-Flusses angenommen, als die Pfeile von Steinzeit-Eingeborenen ihn trafen und er in die Gegenwart seines Königs ging.

1. Herr, in der Fülle meiner Kraft
Gehört Dir meine Zeit,
Und alles, was mir Freude schafft,
Sei Dir im Lied geweiht.

The sky which darkened o'er His head
By Him above the earth was spread;
The sun which hid from Him its face
By His decree was poised in space!

3. The spear which spilt His precious blood
Was tempered in the fires of God;
The grave in which His form was laid
Was hewed in rocks His hands had made!
The Throne on which He now appears
Was His from everlasting years!
But a new glory crowns His brow
And every knee to Him shall bow!

39 A. d. H.: Vermutlich handelte es sich um Pete Fleming. (Die diesbezügliche Angabe des Originals ist nicht eindeutig.)

2. Nicht häng' mein Herz an dieser Welt,
Wenn fromm die Worte gehn!
Nicht erst, wenn meine Kraft verfällt,
Will ich zu Diensten stehn.

3. Lass doch nicht pausenlos mich mühn
Um Torheit dieser Welt,
Und nur ganz matt zum Himmel ziehn,
Weil das so schwer mir fällt.

4. Dass ich nur dien' mit letzter Kraft
Und mürrischem Gesicht,
Und alles ohne Lebenssaft –
Nur Asche und kein Licht!

5. Erwähl mich in der goldnen Zeit,
Sei meiner Freuden Schein!
Lass Deiner Ehr in Ewigkeit
Mein ganzes Herz sich weihn.[40]

---

40 **Lord, in the Fullness of My Might**
Thomas H. Gill

1. Lord, in the fullness of my might,
I would for Thee be strong;
While runneth o'er each dear delight,
To Thee should soar my song.

2. I would not give the world my heart
And then profess Thy love;
I would not feel my strength depart,
And then Thy service prove.

3. I would not with swift-winged zeal
On the world's errands go:
And labor up the heavenly hill
With weary feet and slow.

4. O not for Thee my weak desires,
My poorer, baser part!
O not for Thee my fading fires,
The ashes of my heart.

Das Begräbnis von Mose

Cecil Frances Alexander (1818–1895)

Es verwundert nicht, dass dies als ein Klassiker englischer Literatur betrachtet wird. Mrs. Alexander nahm einen einzelnen Vers aus der Schrift, der über Moses Beerdigung berichtet (5. Mose 34,6), und sah darin eines der glorreichsten und erhabensten Begräbnisse der Welt.

Sie schildert, wie Engel das Grab öffnen, um den großen Gesetzgeber hineinzulegen. Niemand sah den Zug herankommen oder hörte, wie die himmlische Kolonne von der Bergspitze hinunterstieg. Nur der Adler und der Löwe kennen den Ort.

Sie war so anders als die Beerdigungen der Großen der Erde. Wenn ein in vielen Schlachten bewährter General stirbt, dann gibt es eine große Parade von Soldaten mit ruhenden Waffen und dumpfen Trommelschlägen. Ein reiterloses Pferd zeugt von dem fehlenden Heerführer. Dann folgen die vielfachen Salutschüsse, die letzte Ehre.

Oder vielleicht ist es ein bedeutender Weiser dieser Welt, der gestorben ist. Sein Körper ist in einer Kathedrale aufgebahrt, während die gedämpften Töne einer Orgel einen Chor begleiten und die Sonne durch die getönten Glasfenster scheint.

Wie anders war die Beerdigung des großartigsten Kämpfers, des überaus begabten Poeten – desjenigen

5. O choose me in my golden time,
In my dear joys have part!
For Thee the glory of my prime,
The fullness of my heart.

der uns die ersten fünf Bücher der Heiligen Schrift gab! Worin bestand seine Ehre?

Seine schlichte Beerdigung erfolgte auf einem abgelegenen Hang, und keine Menschenseele sah bei der letzten Zeremonie zu. Engel mit Sternen als Kerzen standen daneben, während die Hand Gottes den Körper dieses großen Mannes zur Ruhe legte.

Aber das ist keineswegs das Ende. Er wird wiederauferstehen. Er wird in Herrlichkeit in dem verheißenen Land stehen und mit seinem Herrn Jesus über das Kreuz auf Golgatha und das leere Grab reden.

Dieses einsame Grab lehrt uns, dass Gott Seine »Geheimnisse der Gnade« hat, die den Weg der Menschen in ihrem Denken und Handeln übersteigen. Im Gegensatz zu menschlichen Ehrungen sind Seine ewiger Art. Seine Werturteile sind den Maßstäben der Welt entgegengesetzt.

1. Dort bei den Gipfeln des Pisga,
Dort drüben im Ostjordanland.
Im Tale, im Lande Moab,
Da liegt ein einsames Grab.
Dies Grab hat kein Mensch je gesehen,
Den Sterblichen ist es nicht bekannt.
Denn Engel, sie trugen den Leichnam
Hin zu der geöffneten Gruft.

2. Kein Mensch sah, was damals geschehn ist,
Als Mose gelegt ward ins Grab,
Und niemand je hörte dort Schritte
Oder sah einen Leichenzug.

Die Nacht weicht, es taget der Morgen,
Kein Laut ist zu hör'n und kein Ton,
So war's, als der Gottesknecht Mose
Im Tal seine Ruhestatt fand.

3. Der Lenz webt sein Kleid stets im Stillen,
Legt lautlos sein Prachtkleid neu an.
Es treiben im Grünen die Knospen,
Es zeigt sich das Blumengewand.
So still, wie der Lenz sich stets einstellt,
So still war es damals am Grab.
Man hörte nicht Weinende klagen,
Schalmei und Gesang fehlten ganz.

4. Hoch oben kreist' schwebend ein Adler,
Er flog über Beth-Peor hin,
Er horstete auf dem Gebirge
Und sah dort im Tal dieses Grab.
Ein Löwe schlich leise durchs Dickicht,
Ganz nah diesem heiligen Ort,
Den niemals ein Mensch hat betreten,
Kein Sterblicher war jemals dort.

5. So mancher, der einst in den Schlachten
Im Felde viel Ruhm sich erwarb,
Wird unter den Klängen der Trauer
Bestattet als Held seines Volks.
Da zeigt man die Banner und Zeichen,
Redet von manch siegreicher Schlacht.
Es folgt dann ein Ross ohne Reiter,
Es ertönt der Ehrensalut.

6. Und unter den Edlen des Landes
Wird mancher zur Ruhe gelegt –
Ob Sänger, ob Dichter, ob Weiser,
Ihr Tod viele Menschen bewegt.
Sie werden mit Ehren bestattet,
In Reden wird ihrer gedacht.
In Kirchen ertönen die Orgeln,
Und Chöre besingen ihr Werk.

7. Dies hier war ein tapferer Kämpfer,
Der standhielt inmitten des Streits.
Dies war ein Weiser und Dichter,
Der Worte aufschrieb von Gewicht.
Wer immer als Weltweiser auftritt
Und Werke für andre verfasst,
Reicht nie heran an die Weisheit,
Die Mose geschenkt war von Gott.

8. Wie groß war die Ehre, die Mose
Zuteilward von Gott, seinem Herrn!
Die Engel, sie waren zugegen,
Als er dann zur Ruhe gebracht.
Mit Sternen in Händen wie Kerzen,
In himmlischer Hoheit und Pracht
Haben diese Diener des Höchsten
Über Moses Begräbnis gewacht.

9. Und nach vielen Hunderten Jahren
Sehn bei der Verklärung wir stehn
Den Mose, wie er spricht mit Jesus,
Elia ist gleichfalls dabei.

Sie reden von dem, was der Herr bald
Auf Golgatha für uns vollbringt,
Dass Er nach dem bitteren Leiden
Den Sieg für die Seinen erringt.

10. O einsames Grab dort in Moab,
Das hinüber nach Beth-Peor schaut,
O rede zu unseren Herzen
Und lehr sie, ganz stille zu sein.
Es ist ein Geheimnis der Gnade,
Das Gott uns nicht hat offenbart,
Denn wir kennen nicht all Seine Wege,
Die damals mit Mose Er ging.[41]

---

41 **The Burial of Moses**
Cecil Francis Alexander

1. By Nebo's lonely mountain,
On this side Jordan's wave,
In a vale in the land of Moab,
There lies a lonely grave.
And no man knows that sepulcher,
And no man saw it e'er,
For the angels of God upturned the sod,
And laid the dead man there.

2. That was the grandest funeral
That ever passed on earth;
But no man heard the trampling,
Or saw the train go forth:
Noiselessly as the daylight
Comes back when night is done,
And the crimson streak on ocean's cheek
Grows into the great sun;

3. Noiselessly as the springtime
Her crown of verdure weaves,
And all the trees on all the hills
Open their thousand leaves;
So without sound of music
Or voice of them that wept,
Silently down from the mountain's crown
The great procession swept.

4. Perchance that bald old eagle
On gray Beth-peor's height,
Out of his lonely eerie
Looked on the wondrous sight;
Perchance the lion, stalking,
Still shuns that hallowed spot,
For beast and bird have seen and heard
That which man knoweth not.

5. But when the warrior dieth,
His comrades in the war,
With arms reversed and muffled drum,
Follow his funeral car;
They show the banners taken,
They tell his battles won,
And after him lead his masterless steed,
While peals the minute-gun.

6. Amid the noblest of the land
We lay the sage to rest,
And give the bard an honored place,
With costly marble drest,
In the great minster transept
Where lights like glories fall,
And the organ rings and the sweet choir sings
Along the emblazoned wall.

7. This was the truest warrior
That ever buckled sword,
This the most gifted poet
That ever breathed a word;
And never earth's philosopher
Traced with his golden pen,
On the deathless page, truths half so sage
As he wrote down for men.

8. And had he not high honor –
The hillside for a pall,
To lie in state while angels wait
With stars for tapers tall,
And the dark rock-pines like tossing plumes
Over his bier to wave,
And God's own hand, in that lonely land,
To lay him in the grave?

9. In that strange grave without a name,
Whence his uncoffined clay
Shall break again, O wondrous thought!
Before the judgment day,
And stand with glory wrapt around
On the hills he never trod,
And speak of the strife that won our life
With the Incarnate Son of God.

Sanheribs Niederlage

George Gordon, Lord Byron (1788–1824)

Lord Byron war kein Gläubiger; vielmehr war er für sein zügelloses Leben bekannt. Aber er lebte zu einer Zeit, als die Bibel allgemein bekannt war. Bei diesem Gedicht nimmt er den Stift in die Hand, um die Niederlage des Königs von Assyrien zu verewigen. Es war ein bedeutender Augenblick in der Geschichte Israels, als der Engel des Herrn in der Nacht ausging und ein Heer von 185 000 Soldaten vernichtete (Jesaja 37,36-37).

Das Gedicht ist ein Beispiel für den Einfluss der Bibel auf die Kunst.

Sanheribs Niederlage[42]

1. Es kam des Assyrers gewaltige Macht,
Die Cohorten, sie glänzten in goldener Pracht,
Und es blitzten die Speere, wie Sternenlicht spielt
Auf dem Meer, wenn es nächtlich Judäa bespült.

---

10. O lonely grave in Moab's land!
O dark Beth-peor's hill!
Speak to these curious hearts of ours,
And teach them to be still.
God hath His mysteries of grace,
Ways that we cannot tell;
He hides them deep, like the hidden sleep
Of him he loved so well.

42 Lord Byron, *Hebräische Gesänge*, Aus dem Englischen von Franz Theremin, Blatt 27.
A. d. H.: Vgl. http://www.goethezeitportal.de/fileadmin/PDF/db/werke/byron_gesaenge.pdf (abgerufen am 9. 1. 2023). Die deutsche Nachdichtung wurde leicht an den heutigen Sprachgebrauch angeglichen.

2. Wie Blätter des Waldes bei Frühlings Erblühn,
Das Heer mit den Bannern am Abend erschien.
Wie Blätter des Waldes, bläst Herbstwind daher,
So lag ohne Leben am Morgen das Heer.

3. Denn der Engel des Tod's kam mit Sturmesgewalt,
Und blies auf die Feinde verderblich und kalt.
Und es ward nicht der Schlafenden Auge mehr wach,
Und es hob sich noch einmal ihr Herz, und es brach.

4. Und es lag da mit offenen Nüstern das Ross,
Durch die sich kein Wiehern mehr freudig ergoss;
Und kalt war sein Schaum, der das Gras noch besprengt,
Wie Schaum von dem Meer, der am Felsenriff hängt.

5. Und da liegt auch der Reiter, gestreckt auf der Au,
Den Rost auf dem Helm, auf den Brauen den Tau.
Und die Zelte stehn schweigend, die Lanzen in Reihn,
Die Trompeten verstummt und die Banner allein.

6. Und die Klage der Witwen in Assur ist laut,
Und es brechen die Tempel, dem Baal erbaut,
Und die heidnische Macht, ungetroffen vom Schwert,
Ward wie Schnee vor dem Blick des Allmächt'gen verzehrt.[43]

---

43 **The Destruction of Semnacherib**
George Gordon, Lord Byron (1788 – 1824)

1. The Assyrian came down like the wolf on the fold,
And his cohorts were gleaming in purple and gold;
And the sheen of their spears was like stars on the sea,
When the blue wave rolls lightly on deep Galilee.

2. Like the leaves of the forest when Summer is green,
That host with their banners at sunset were seen;
Like the leaves of the forest when Autumn is blown,
That host on the morrow lay withered and strown.

3. For the Angel of Death spread His wings on the blast,
And breathed in the face of the foe as he passed.
And the eyes of the sleepers waxed deadly and chill,
And their hearts but once heaved, and forever grew still!

4. And there lay the steed with his nostrils all wide,
But through it there rolled not the breath of his pride;
And the foam of his gasping lay white on the turf,
And cold as the spray of the rock-beating surf.

5. And there lay the rider distorted and pale,
With the dew on his brow, and the rust on his mail;
And the tents were all silent, the banners alone,
The lances unlifted, the trumpet unblown.

6. And the widows of Ashur are loud in their wail,
And the idols are broke in the temple of Baal;
And the might of the Gentile, unsmote by the sword,
Hath melted like snow in the glance of the Lord.

A. d. H.: Man beachte, dass sich in den allermeisten englischen Bibelausgaben der Name »Sennacherib« und nicht »Semnacherib« findet.

Eine Verneigung vor Jesaja
(Autor unbekannt)

Dieses Juwel findet sich in *Memorials of a Quiet Life, A Memoir of Richard F. Varder.*[44] Mr. Varder war ein Evangelist und Bibellehrer, der es verdient, bekannter zu sein. Viele waren von seinem Leben und Dienst tief berührt.

Wir wissen nicht, ob er *A Tribute to Isaiah* schrieb. Das Gedicht erscheint ohne Angabe des Autors in seiner kurzen Biografie.[45] Es ist die Geschichte eines Gläubigen, der über die Hügel Judas wandert und dabei das Grab Jesajas sucht. Er will einen Blumenkranz auf das Grab legen und eine letzte Träne vergießen. Er wendet sich an die Hügel, indem er hofft, dass sie ihm ihr Geheimnis erzählen. Wo ist der Prophet, der der Überlieferung zufolge auseinandergesägt wurde? Es gibt einen Grund, warum er so eifrig ist, diesen Ort zu finden. Er wurde nämlich durch Jesaja zu Christus geführt. Er kam vom Tod ins Leben, als er die Worte las: »… der HERR hat ihn treffen lassen unser aller Ungerechtigkeit«[46].

Ein Blumenkranz wäre nicht hinreichend. Es sollte ein Denkmal geben, mit den eingravierten Worten: »Er [sah] seine Herrlichkeit … und [redete] von ihm.«[47]

Nach einer erfolglosen Suche kommt er zu dem Schluss, dass das alles vergeblich ist. Die Hügel schwei-

44 A. d. H.: Svw. *Ein stilles Leben. Erinnerungen an Richard F. Varder.* Er lebte von 1858 bis 1933 und war als Evangelist in Großbritannien und später auch in den USA tätig.

45 https://www.brethrenarchive.org/media/360788/richard-varder.pdf (abgerufen am 9. 1. 2023).

46 A. d. Ü.: Jesaja 53,6.

47 A. d. Ü.: Vgl. Johannes 12,41.

gen. Vielleicht hat der Herr ihnen gesagt, dass sie es geheim halten sollen.

Aber der Suchende ist nicht traurig. In der Ewigkeit wird er Jesajas Hand schütteln, die geschrieben hat: »Der HERR hat ihn treffen lassen unser aller Ungerechtigkeit.«

1. Wo ruht er? O sagt mir, ihr Hügel,
O sagt mir, wo ist dieses Grab,
Wo dieser Prophet aus Juda
Seine letzte Ruhestatt fand.
Wie verlangt mich danach zu weinen
Und still zu bekränzen sein Grab.

2. Als die Mordgier der Gottlosen tobte
Und sein grausames Ende er fand,
Da wollt' er nicht retten sein Leben,
Sondern sah auf den ewigen Lohn;
Die Hoffnung der Heil'gen auf Erden
Hat er stets im Herzen bewahrt.

3. Wo ruht er? O schweigt doch nicht länger!
Ich suche bis heute sein Grab.
Wie dankbar bin ich dem Propheten,
Der mich hat gewiesen zum Lamm,
Gezeugt durch gewaltige Worte,
Die in seinem Buch ich einst fand.

4. Dort schrieb er von Heil und Befreiung,
Vom Leben, das mir nun gebracht,
Der tief in der Sünde ich lebte,
Dem HERRN so viel Kummer gemacht:

»Ja, der HERR ließ auf Ihn fallen
Unsre ganze Sünde und Schuld.«

5. Sprach ich vom »Kranz«? Ja, ein Denkmal
Wär besser – mit folgender Schrift,
Gefasst in goldene Lettern,
Für jedermann sichtbar weithin:
»Weil er Christi Herrlichkeit schaute,
Hat er geweissagt von Ihm.«

6. Wie lange noch lasst ihr mich warten,
Gebt ihr das Geheimnis nicht preis?
Hat der, der im Bergland von Moab
Den Gottesknecht Mose begrub,
Geboten, darüber zu schweigen,
Sodass keiner je Tränen vergoss?

7. Und wenn ich den Ort auch nicht finde
Und wenn sein Grab mir nicht bekannt,
So werde ich droben im Himmel
Die Hand fassen, die dies einst schrieb:
»Ja, der HERR ließ auf Ihn fallen
Unsre ganze Sünde und Schuld.«[48]

---

48 **A Tribute to Isaiah**
(Author unknown)

1. Where laid ye him? Ye Palestinian hills,
Tell, if ye saw, where laid they Judah's seer?
I fain would place a wreath upon his grave,
Upon its sod let fall a silent tear.

2. 'Tis said his body was asunder sawn
By wicked hands, like those that slew our Lord,
Accepting not deliverance, that he may
Obtain in resurrection his reward.

Ach, dass eine Zeit gewesen

Theodore Monod (1836–1921)

Monod war bekannt als »der führende Kanzelredner der französisch-reformierten Kirche im 19. Jahrhundert«. Hier zeichnet er seine geistliche Entwicklung nach, die von seiner selbstsüchtigen Gleichgültigkeit über den Zustand eines geteilten Herzens führte, bis er schließlich dem Herrn noch mehr Raum gewährte und das Ich völlig in den Tod gab.

1. Ach, dass eine Zeit gewesen, da ich lebte nur für mich!
   Ich vernahm Dein sanftes Werben, doch mein trotzig Herz erklärte:
   »Gar nichts Du und alles ich!«

---

3. Where laid they him? Why are ye silent still?
   I fain would know, for I his debtor am:
   My father, he, I, his posthumous child,
   For thru him, I was pointed to the Lamb.
4. He penned the soul-emancipating words
   That were the means of bringing life to me
   When dead in sins I wandered far from God,
   »On Him was laid all thine iniquity.«
5. »Wreath« did I say? Yes, more, a monument,
   His name, so deep engraved, Time shall not dim
   And, underneath, this epitaph inscribed,
   »He saw His glory and he spake of Him.«
6. Art silent still? Hath he, who turned the sod
   On Moab's plain and buried Israel's seer,
   Enjoined on you this silence and must ye
   Hold, as sacred trust, this secret tear?
7. 'Tis all in vain: I cannot find the place
   Where he was laid, but in eternity,
   It may be that I'll grasp the hand that penned,
   »On Him was laid all thine iniquity.«

2. Doch Du fandst mich, und ich schaute blutend an dem Kreuze Dich,
Sah Dein wunderbares Lieben, und im Herzen klang es leise:
»Etwas Du und etwas ich!«

3. Aber Deines Geistes Walten zog mich näher hin zu sich.
Ich ward kleiner, Du wardst größer, und ich sprach mit Lieb und Sehnen:
»Mehr, Herr, Du und weniger ich!«

4. Himmelhoch die Berge ragen, endlos dehnt das Weltmeer sich,
Aber Deine Lieb ist größer, und sie hat mich überwältigt:
»Alles Du und gar nichts ich!«[49]

---

49 **O the Bitter Shame and Sorrow**
Theodore Monod

1. O the bitter shame and sorrow that a time could ever be,
When I let the Savior's pity plead in vain, and proudly answered –
»All of self and none of Thee!«

2. Yet He found me; I beheld Him bleeding on the cursed tree;
Heard Him pray, ›Forgive them, Father,‹ and my wistful heart said faintly –
»Some of self and some of Thee.«

3. Day by day His tender mercy, healing, helping, full and free.
Sweet and strong, and oh! so patient, brought me lower while I whispered –
»Less of self and more of Thee.«

4. Higher than the highest heavens, deeper than the deepest sea;
Lord, Thy love at last has conquered: Grant me now my soul's petition –
»None of self and all of Thee.«

A. d. H.: Der Autor der hier wiedergegebenen deutschen Version ist unbekannt. Daneben gibt es eine deutsche Nachdichtung von Wilhelm Appel (»O, der bittern Pein und Trauer«), die sich noch stärker an das Original anlehnt.

8. Zehn lustige Situationen im Dienst[50]

Durcheinander mit Einladungen

Am ersten Sonntag, als ich in Chicago war, im September 1947, ging ich zu der Versammlung an der Ecke 86th Street und S. Bishop Street. Ich war relativ unbekannt. Am Ende des Gottesdienstes stellte sich mir eine Dame vor und fragte, ob ich am nächsten Sonntag zu ihnen zum Essen kommen könnte. Aber ich vergaß leider sofort ihren Namen. Alle waren für mich neu.

Eine Minute später fragte mich jemand anders, ob ich am nächsten Sonntag zu ihnen nach Hause zum Essen kommen wollte. Ich lehnte freundlich ab und erklärte, dass ich schon eingeladen wurde (aber mir war entfallen, von wem).

Das Ganze passierte noch einmal. Ein Mann kam mit derselben Einladung. Ich musste wegen einer vorherigen Zusage wieder ablehnen (obwohl ich mich nicht mehr erinnern konnte, wem ich zugesagt hatte).

Die ganze Woche fragte ich mich: ›Wie entkommst du diesem Durcheinander? Wo wirst du zum Essen hingehen?‹ Ich hatte die meisten der Namen vergessen.

---

50 A. d. Ü.: Eigentlich sind es 14 Ereignisse, über die William MacDonald hier berichtet. Er wollte wohl die zehn besten davon auswählen, ist aber nicht mehr dazu gekommen. So ist es nun Aufgabe des Lesers, die zehn lustigsten herauszufinden und die anderen einfach nicht zu lesen.

Am nächsten Sonntag kam ein Bruder namens Charles Pollard zu mir und fragte: »Kommen Sie zu uns nach Hause zum Essen, Bruder MacDonald?«

Ich erklärte verlegen meine peinliche Lage.

Dann sagte er: »Nun, wir haben uns schon gewundert. Meine Frau hat Sie letzte Woche gefragt, und Sie haben zugesagt. Ich habe Sie ebenfalls gefragt, und Sie haben abgelehnt.«

Situationen wie diese sind ein berufsbedingtes Risiko für solche, die im Dienst des Herrn stehen.

Nenne mich einfach »Tollpatsch«

Nach der Versammlung am Sonntagvormittag in Fullerton[51] wurde ich zum Essen bei den Biddlecombes eingeladen. Die Merritts und die Widdringtons waren ebenfalls Gäste. Der Tisch war elegant – eine rosa Tischdecke, Kelche aus Kristall, Teller aus Porzellan usw. Während des Essens griff ich nach der Butter. Die Manschette meines Jacketts streifte die große Karaffe mit Wasser; sodass sie umfiel und das Wasser über den Tisch verschüttet wurde. Jeder sprang auf. Manche rannten in die Küche, um einige Geschirrtücher zu holen. Andere schwirrten herum und fragten sich, was sie tun sollten. Es war sehr peinlich. Aber das war nur der Anfang.

Im weiteren Verlauf dieses Nachmittags setzten mich die Merritts am Flughafen ab, und als ich meine Klei-

51 A. d. H.: Stadt im Großraum Los Angeles (Kalifornien).

dung auf der Herrentoilette gewechselt hatte, hatte das Boarding für mein Flugzeug gerade begonnen. Perfektes Timing! Aber ich hatte noch keine Ahnung, was vor mir lag.

Das Flugzeug war bis zum letzten Platz besetzt. Ich hatte den Sitz 11B – einen Mittelsitz. Zu meiner Rechten befand sich ein Mann, der für Xerox arbeitete. Dann kam eine ältere Dame an, um den Fensterplatz einzunehmen. Eine jüngere Dame, die ihre Tochter sein hätte können, hatte einen Sitz zwei Reihen vor uns. Dabei gaben sie sich Zeichen hin und her und redeten in einer Sprache, die wie Russisch klang. Die ältere Dame sah aus, als wäre sie einem Modemagazin entsprungen – sie trug einen kamelhaarfarbenen Mantel mit einem riesigen Pelzkragen, einem beigen Wollrock mit großem Karomuster und einem Hut, der uns allen Schatten spendete.

Als wir uns in der Luft befanden, drückte der Mann vor ihr den Knopf, um sich zurückzulehnen. Das missfiel ihr. Sie versuchte, seine Aufmerksamkeit zu bekommen, damit er den Sitz wieder aufrechtstellen würde. Aber vielleicht schlief er. Sie rief eine Flugbegleiterin[52], um dem vor ihr sitzenden Mann die Botschaft zu übermitteln, und dieser stellte seinen Sitz ein wenig höher. Die Ruhestörung missfiel ihm.

Dann kamen die Flugbegleiterinnen mit dem Erfrischungswagen. »Was möchten Sie gern trinken?« Die Dame antwortete ganz leise.

»Wie bitte?«, fragte die Flugbegleiterin.

52 A.d.H.: Aus dem weiteren Kontext geht offenbar hervor, dass es sich bei dem flugbegleitenden Personal an Bord um Frauen handelte.

Eine weitere unverständliche Antwort.

»Wie bitte?«, wiederholte sie.

Diesmal dachte ich, ich hätte »Grapefruit-Saft« gehört. Daher bot ich mich als Dolmetscher für die Flugbegleiterin an.

»Wir haben keinen Grapefruit-Saft.«

»Was haben Sie denn?«

»Apfelsaft, Orangensaft und Tomatensaft.«

»Dann Tomatensaft.«

Als sie das sagte, war ihr sicherlich nicht klar, wer der Mann neben ihr war. Es war der Mann, der gerade aus einem Esszimmer gekommen war, wo er sich so ungeschickt verhalten hatte, dass sich eine Wasserflut auf die wunderschöne rosa Tischdecke ergossen hatte.

Der Tomatensaft wurde mit der üblichen fehlenden Eleganz serviert, zusammen mit cholesterinfreien Mandeln, die in umständlich zu öffnenden Tüten aus Aluminiumfolie verpackt waren.

Die russische Dame las eine Ausgabe des *Mademoiselle*-Magazins[53] und nippte in kleinsten Schlucken an ihrem Tomatensaft. Weil sie sich aufgrund des zurückgelehnten Sitzes vor ihr beengt fühlte, versuchte sie noch einmal, den schlafenden Passagier zu bewegen, den Sitz hochzustellen. Keine Antwort! Dann kam Sir Galahad[54], der Retter in der Not, zu Hilfe. Ich schlug vor, dass sie mehr Platz haben würde, wenn sie *ihren* Sitz ebenfalls in die zurückgelehnte Position bringen würde. Sie konnte

53 A. d. H.: US-amerikanisches Frauenmagazin, das von 1935 bis 2001 erschien.

54 A. d. H.: Einer der wichtigsten Ritter der Tafelrunde in der Artussage.

aber den Knopf nicht finden. Er befand sich auf ihrer linken Armlehne und ungefähr 15 cm nach hinten versetzt. Also reichte ich hinüber, um ihn für sie zu drücken. O nein! Ihr Glas kippte um, und der Tomatensaft bedeckte die Ablage sowie das Magazin und flutete wie der Niagarafall nach unten über ihren Rock.

Große Katastrophe! Der Passagier zu meiner Rechten spendete seine stecknadelgroße Papierserviette, und ich spendete meine, aber was nützten diese schon, um solch eine Flut aufzusaugen! Die Dame versuchte, einer Flugbegleiterin ein Zeichen zu geben, aber ohne Erfolg. Also drückte Sir Galahad den an der Decke befindlichen roten Knopf, um *Hilfe* zu rufen.

Genau inmitten dieser schrecklichen Katastrophe drehte sich der Mann vor ihr um und sagte ärgerlich: »Was wollen Sie?« Wie immer, als Friedensstifter, sagte ich in ruhigem Ton. »Es gab einen Zwischenfall, und sie braucht mehr Platz.« Was für eine Untertreibung! Er stellte seinen Sitz in die aufrechte Position, und das war das Letzte, was wir von ihm hörten. Ihm missfiel das Ganze.

Schließlich kam eine Stewardess mit diesem bekannten unschuldigen Blick (»Wie kann ich helfen?«). Dann sah sie das Malheur mit den Dimensionen der Flut Noahs.

Die Russin sagte, nun in hörbarem Ton: »Bringen Sie mir Wasser, viel Wasser.«

Die Stewardess kam mit einer Handvoll nasser Papierservietten und einer anderen Handvoll trockener zurück.

»Bringen Sie mir Wasser, viel Wasser.«

»Wollen Sie ein Glas Wasser?«

»*Viel* Wasser.«

Bald kam ein winziger Becher mit Wasser an.

»Ich brauche *viel* Wasser.«

Die Stewardess hatte einen Geistesblitz: »Wollen Sie zur Toilette da vorn gehen, um Ihre Kleidung zu reinigen? Dort gibt es viel Wasser.«

Sie sah uns an, als ob sie sagen wollte: »Aber wie soll ich hier herauskommen?« Ich versicherte ihr, dass wir mehr als froh wären aufzustehen, damit sie herauskommen könnte. Was dann natürlich auch geschah.

Offensichtlich hielt sie die Toilette vorn für zu beengt, und so stand sie draußen auf dem Gang und gab den in ihrer Kabine dicht gedrängt sitzenden Economy-Passagieren eine anschauliche Lektion im Blick darauf, wie man einen Wollrock von Tomatensaft reinigt.

Ich wandte mich an meinen Sitznachbarn und sagte: »Ich bin froh, wenn ich aus diesem Flugzeug herauskomme.« »Ich auch«, antwortete er. Aber zu diesem Zeitpunkt saßen wir eingezwängt auf unseren Plätzen, wobei man uns die Anspannung ansehen konnte.

Bis die Dame zurück zu ihrem Sitz kam, hatten wir eine der betreffenden Fluggesellschaft gehörende Decke darübergelegt, um zu verhindern, dass sie mit der Rückseite ihres Rockes auch noch den Rest des Tomatensafts aufsaugte.

Dann setzte sie sich mit ihrem leeren Glas Tomatensaft und ihrer abgewischten Ausgabe von *Mademoiselle*.

Einige Zeit später kam eine Flugbegleiterin mit einer Art Zertifikat von der Fluggesellschaft zu ihr und sagte: »Ich bin mir bewusst, dass das nicht unser Fehler war, aber es tut uns leid, dass das passiert ist. Bitte nehmen Sie das.« Eigentlich hätte auf der Bescheinigung stehen sollen: »Ich habe die Sintflut überlebt«, aber es war wahrscheinlich nur eine Berechtigung, den Rock auf Kosten der Fluggesellschaft reinigen zu lassen. Allerdings denke ich, dass die Russin lieber einen neuen Rock wollte.

Wir landeten pünktlich in San Francisco. Ich war so nervös wie eine Katze, und ich war noch nie so froh, endlich von Bord eines Flugzeug zu gehen und den schwachen Duft von Tomatensaft zurückzulassen.

Baby entbunden, aber durch wen?

1946/1947 lebte ich in Oakland in einer Wohnung, die sich über derjenigen von Jack und Florence Davies befand. Florence erwartete ihr zweites Kind. Eines Nachts kam das Baby schnell und unerwartet. Jack klopfte bei mir und fragte mich, ob ich hinunterkommen und bei ihrem Erstgeborenen, Stanley, bleiben könnte, während er mit seiner Frau und dem Neugeborenen in einem Krankenwagen in die Klinik fuhr. Aber ich sollte erst herunterkommen, wenn sie schon gefahren waren. Gerüchte machen schnell die Runde. In Kürze wurde überall berichtet, dass Bill, der Junggeselle, tatsächlich ein Baby entbunden hatte. Ich dachte, dass die Geschichte zu gut sei, um sie zu dementieren.

Biografie in der Luft

Dave Johnson und ich saßen in einer Boeing 747 und waren auf dem Weg zu Vorträgen in Hongkong. Wir hatten es uns auf unseren Sitzen bequem gemacht. Ich hatte einen Fensterplatz, Dave befand sich in der Mitte, und eine junge Frau aus Berkeley besetzte den Platz am Gang. Dave versuchte, mit ihr über geistliche Dinge ins Gespräch zu kommen, aber es war sofort klar, dass sie nicht interessiert war.

Also nahm Dave seine Bibel heraus und begann, sich für eine Botschaft vorzubereiten, die er in Hongkong weitergeben sollte. Ich lehnte mich zurück und versuchte, mich von den Anstrengungen zu erholen, die damit verbunden waren, um zum Flughafen zu kommen, einzuchecken und an Bord der Boeing 747 zu gelangen.

Einige Zeit, nachdem wir Flughöhe erreicht hatten, kam ein vornehm aussehender Mann aus dem Abteil vor uns den Gang entlang. Er war groß und kräftig. Als er Daves Bibel sah, blieb er stehen und sagte: »Das ist ein großartiges Buch, das Sie da lesen.«

Dave stimmte zu.

»Bereiten Sie eine Botschaft vor?«

»Ja, ich denke, das könnte man sagen.«

»Wer sind Sie und Ihr Freund?«

»Wir sind Christen.«

»Ja, das habe ich angenommen, aber was sind Sie?«

»Wir sind Jünger des Herrn Jesus.«

»Ja, natürlich, aber zu welcher Konfession gehören Sie?«

»Wir gehören zu der Gemeinde, die der Leib Christi ist und aus allen wahren Gläubigen besteht.«

An diesem Punkt war der Fragende frustriert, und Dave war es leid, um den heißen Brei herumzureden, weil er uns nicht mit dem Namen einer Freikirche oder einer Konfession bezeichnen wollte. Also sagte Dave: »Schauen Sie, ich bin nur ein einfacher Christ, und von Zeit zu Zeit reise ich mit Mr. MacDonald.«

Dann sagte der Mann: »Mr. MacDonald! Ich kenne Sie. Sie sind Single, 67 Jahre alt, Sie haben Bücher geschrieben, und Sie nehmen junge Christen im Jüngerschaftstraining mit sich auf Ihre Reisen.«

Ich war verblüfft, von diesem völlig Fremden – 11000 Meter über dem Pazifik – meine Biografie in Kurzform zu hören. Wie konnte es dazu kommen?

Als wir miteinander redeten, löste sich das Rätsel auf. Er war Guy Davidson, Pastor einer Mega-Gemeinde in Tempe, Arizona. Er arbeitete auch mit der Hilfsorganisation »Samaritan's Purse« von Franklin Graham zusammen. Er war gerade auf dem Weg nach Birma (heute Myanmar), um dort christliche Werke und Mitarbeiter finanziell zu unterstützen. Guy war ein guter Freund von Roy Gustafson, einem der Evangelisten, die mit Billy Graham zusammenarbeiteten. Ich kannte Roy seit 1954. Offensichtlich hatte Roy ihm von mir erzählt, und das Bemerkenswerte dabei war, dass er sich daran erinnert hat. Wenn Roy mir über Guy erzählt hätte, hätte ich es schnell vergessen, weil ich nicht fähig gewesen wäre, irgendein Gesicht mit der dazugehörigen Information zu verknüpfen.

Während des weiteren Verlaufs der Reise stand Guy regelmäßig von seinem Platz auf, um zu dem Gang zu kommen, der sich neben unserer Sitzreihe befand. Er war offensichtlich hungrig nach christlicher Gemeinschaft. Und die Leute in unserem Teil des Flugzeugs konnten jedes Gespräch mithören, besonders die junge Frau neben Dave.

Als wir nach Hongkong kamen, bestand Guy darauf, uns durch die Einwanderungs- und Zollbehörde zu begleiten. Dann verließ er uns, während wir erstaunt waren über die ungewöhnlichen Umstände, die uns zusammengebracht hatten. Ich finde es immer noch lustig, dass ich meine Lebensgeschichte in Kurzfassung gehört hatte, als wir über den Pazifik flogen.

Unübliche Vorstellung

Es geschah auf einer Bibelkonferenz in Neuseeland. Der vorherige Redner wurde ausführlich vorgestellt und geehrt – länger, als ich es gewohnt war. Ich war nicht neidisch darauf, dass er mit solchen Ehrungen überhäuft wurde, aber ich wollte nicht, dass man mich genauso vorstellte. Ich dachte: ›Wie kann ich so großartig vorgestellt werden und dann noch die Erwartungen erfüllen, in der Kraft des Heiligen Geistes zu reden?‹ Dann wanderten meine Gedanken zu 1.Korinther 1, wo Gott die Schwachen und die Armen auserwählt – das Unedle, das Verachtete und das, was nicht ist.

Ich lehnte mich zu dem Konferenzleiter hinüber und

bat ihn, dass er mich auf diese Weise vorstellen möge. Er hatte Humor. Als ich an der Reihe war zu reden, sagte er: »Meine Damen und Herren, unser nächster Redner ist schwach, arm, unedel, verachtet und ein Niemand. Hier ist William MacDonald.«

Ich erwartete, dass die Zuhörer nach Luft schnappen und seufzen würden, aber es gab keine Reaktion. Die Leute saßen ungerührt da, als ob sie es gewohnt wären, dass Redner so vorgestellt werden. Ich konnte keine Spur von Verwunderung sehen. Ich dachte, dass es wahrscheinlich das erste Mal in der Geschichte dieser Gemeinde war, dass jemand so negativ vorgestellt wurde.

So stand ich am Rednerpult und sagte: »Meine Damen und Herren, bitte seien Sie nicht verärgert über den Konferenzleiter. Ich habe ihn gebeten, mich so vorzustellen. Ich möchte nur das eine sagen: Wenn ich mehr so wäre wie die Person, die er beschrieben hat, dann könnte der Herr mich mehr verwenden.«

Den einzigen Kommentar, den ich infolge dieser »Untat« bekam, war der eines Bruders, als er sich verabschiedete: »Ich denke, Sie haben verdeutlicht, worum es Ihnen ging.«

Damals dachte ich, dass diese Bemerkung den Nagel auf den Kopf getroffen hätte. Aber danach war ich diesbezüglich nicht mehr so sicher.

Es fing mit C an

Auf dieser Reise traf ich auch einen Bruder, der mich einmal in den USA besucht hatte. Ich war bei ihm und seiner Frau zum Tee eingeladen, bevor ich zum Flughafen aufbrach, um nach Hause zu fliegen. Im Laufe des Gesprächs fragte mein Gastgeber: »Bill, hast du immer noch diesen Cadillac, den du gefahren hast, als wir dich in den Vereinigten Staaten besuchten?«

Ich schnappte nach Luft. »Lieber Bruder, ich hatte nie einen Cadillac.«

Er bestand darauf. »War das nicht ein Cadillac, den du fuhrst, als wir dort waren?«

Ich antwortete: »Lieber Bruder, was würden die Leute denken, wenn der Autor von *Wahre Jüngerschaft* mit einem Cadillac herumfahren würde?«

»Nun gut, was für ein Auto war es denn?«

»Ein Chevrolet«, antwortete ich fromm.

»Ja gut«, sagte er, »ich wusste, es fing mit C an.«

Bleib beim Predigen, vergiss das Singen

Mrs. Graeme MacDonald (keine Verwandtschaft) war eine wohlhabende ältere Dame, die eine Sonntagsschule für Angehörige der Oberschicht von San Francisco leitete. Sie war der Typ von Frau, die ein Königreich regieren könnte – gebieterisch und elegant, ohne ein Blatt vor den Mund zu nehmen.

Sie nahm von Zeit zu Zeit an den Gottesdiensten der Parkside Gospel Chapel teil. An einem Sonntag, als ich dort zum Predigen war, war sie unter den Zuhörern. Die Gläubigen der Parkside Chapel erlaubten immer, dass ich zum Klavier ging und ihnen ein neues Lied beibrachte, bevor ich anfing zu predigen. Unglücklicherweise war es dafür erforderlich, dass ich das Lied zu meiner eigenen Begleitung sang, bevor die Zuhörer mitsingen konnten.

Am Ende der Versammlung stand ich an der Tür, um die Freunde zu verabschieden, als sie gingen. Als Mrs. MacDonald mir die Hand schüttelte, sagte sie: »Nehmen Sie meinen Rat an. Bleiben Sie beim Predigen des Wortes.« So viel zu meinem Gesang.

Die Gabe war »ein duftendes Kleines«

Ich hatte meine Predigt in der Gemeinde in Evanston beendet und stand an der Tür, um die Leute zu verabschieden, als sie gingen. Dann kam Al Legel zu mir und gab mir einen Umschlag in die Hand. Es war offensichtlich eine finanzielle Gabe der Gemeinde. Ich hatte es mir zur Angewohnheit gemacht, mich sofort schriftlich zu bedanken. Also saß ich am Montagmorgen an meiner Schreibmaschine, um meinen Dank zu tippen. Dabei zitierte ich Philipper 4,18 in meinem Brief dahin gehend, dass die Gabe der Heiligen »ein duftender Wohlgeruch, ein angenehmes Opfer, Gott wohlgefällig« war.

Beim nächsten Mal, als ich Al traf, grüßte er mich mit einem verschmitzten Lächeln und fragte: »Was ist los, Bill? War unsere Gabe für dich nicht groß genug?«

Ich hatte keine Ahnung, wovon er redete. Dann erklärte er, dass sich in meinen Maschine geschriebenen Brief an dem Tag, an dem ich den Dank getippt hatte, wohl ein Fehler eingeschlichen hatte. Statt dass ich »einen duftenden Wohlgeruch« geschrieben hatte, war dort zu lesen: »ein duftendes Kleines«[55].

Sehr peinlich für jemanden, der es sich zugutehielt, dass er es niemals auch nur andeuten würde, in einer finanziellen Notlage zu sein.

Das Glasauge

In Emmaus ging das Gerücht um, dass ich während des Zweiten Weltkriegs als Bomberpilot gedient hatte, dass mein Flugzeug abgeschossen wurde und dass ich dabei ein Auge verloren hatte. Wieder einmal war mir nicht danach zumute, einem Gerücht zu widersprechen, sondern ich fügte noch einen Aspekt hinzu. Ich erzählte den Leuten, wie sie das Glasauge erkennen könnten – es wäre das mitfühlende Auge.

---

55 A.d.Ü.: Auf Englisch »the odor of a sweet *smell*« (»ein duftender Wohlgeruch«) – »the odor of a sweet *small*« (»ein duftendes Kleines«).

Übertriebene Auszeichnung

Einer meiner ehemaligen Studenten aus Florida lud Ernie Tatham und einen anderen Bruder eines Tages zum Mittagessen ein. Als mein Name in dem Gespräch aufkam, breitete sich der Student über das gewaltige Opfer aus, das ich gebracht hätte, als ich meine Arbeit im Werk des Herrn begann. Ich hätte tatsächlich meinen Posten als Präsident der Chase Manhattan Bank aufgegeben.

Zugegeben, es war eine Spur von Wahrheit in der Geschichte – aber eben nur eine Spur. Ich hatte für eine Bank gearbeitet, aber es war nicht die Chase Manhattan. Ich hatte einen Posten, aber ich war nicht der Präsident. Ich war nur ein leicht zu vergessender Anlagen-Analytiker. Ich hatte die Bank verlassen, aber nicht, um ins Werk des Herrn zu gehen. Vielmehr wurde ich zur US-Marine einberufen, die im Zweiten Weltkrieg im Einsatz war. Ich war nicht in der Kampfeinheit, sondern im Transport. Die vollzeitliche Arbeit für den Herrn kam später.

Das ist das Material, aus dem Gerüchte gemacht werden.

Der großzügige Dieb

Im Sommer des betreffenden Jahres war ich auf Reisen, und es wurde in meiner Wohnung eingebrochen. Ich wohnte damals am South Boulevard in Oak Park, Illinois. Der oder die Täter hatte(n) alle Schubladen auf dem Boden ausgeleert und die Wohnung in einem totalen Durcheinander hinterlassen. Dan Ball, der Geschäftsführer der Schule, räumte alles auf, so gut es ging. Als ich am Ende des Sommers zurückkam, war alles da – nicht eine Sache war gestohlen worden. Offensichtlich besaß ich nichts, was der Einbrecher für wertvoll erachtet hätte. Als einer meiner vorwitzigen jungen Freunde die Geschichte erzählte, fügte er hinzu, dass der Einbrecher Mitleid mit mir gehabt und 10 Dollar dagelassen hätte.

Mein Freund Spurgeon

Es scheint, dass ich die Angewohnheit hatte, Namen fallen zu lassen. In meinem Unterricht beim DITP[56] erwähnte ich oft, dass H.A. Ironside ein Freund der Familie war und dass er oft als Gast zum Abendessen in unserem Haus eingeladen war. Ich zitierte ihn auch häufig.

Eines Tages, nach einem meiner Verweise auf Dr. Ironside, fragte einer der Teilnehmer mit aller Ernsthaftigkeit: »Hast du auch Spurgeon gekannt?« Wohl kaum. Spurgeon starb 25 Jahre, bevor ich geboren wurde.

Ein anderer Teilnehmer meldete sich zu Wort: »Bald werden sie dich fragen, ob du Martin Luther gekannt hast.«

56 A.d.Ü.: DITP (Discipleship Intern Training Program), das Ausbildungsprogramm für Mitarbeiter im Reich Gottes, in dem William MacDonald 23 Jahre lang unterrichtete.

Daniel im Feuerofen

Als ich die Notizen über das Buch Daniel für den Bibelkommentar des Alten Testaments schrieb, wurde ich von der spannenden Geschichte mitgerissen. Ich war ganz begeistert von diesem mutigen Mann Gottes und war innerlich mitgerissen, als es darum ging, wie seine Feinde ihn in den Feuerofen geworfen hatten. Das Manuskript wurde getippt und von einigen christlichen Lektoren sorgfältig überarbeitet. Dann wurde das Buch veröffentlicht. Nur eine Person hat mich je darauf hingewiesen, dass es Sadrach, Mesach und Abednego waren, die dem Feuerofen übergeben wurden. Daniel dagegen wurde in die Löwengrube geworfen. Vor dem Druck der nächsten Ausgabe des Kommentars holte ich den lieben Daniel aus dem Feuer heraus und platzierte ihn dorthin, wo er hingehörte.

Meine Todesanzeige

In der wöchentlichen Bibelstunde in der Bethany Gospel Chapel hatten wir schon das Eingangslied gesungen. Der Bruder, der die Zusammenkunft leitete, hatte ins Gebet geführt. Als er anfing, die Ankündigungen zu machen, schaltete ich ab – eine schlechte Angewohnheit, die ich entwickelt hatte. Aber plötzlich schreckte ich auf, als ich hörte, wie er sagte: »Wir müssen leider mitteilen, dass unser lieber Bruder Bill MacDonald zum Herrn heimgegangen ist.« Die Zuhörer waren verwirrt, weil sie mich gesehen hatten, wie ich zur Bibelstunde hereingekommen war. Ich war zu überrascht, um zu sagen, dass die Meldung gewaltig übertrieben war.

Fred Greenlaw brach den Bann, indem er rief: »Er ist hier mit uns versammelt.«

Der für die Ansagen verantwortliche Bruder wurde nervös: »Habe ich Bill MacDonald gesagt? Ich meinte Bill McConnell.« Danach wurde die Versammlung auf die gewohnte Art fortgesetzt.

Ich hatte mich ein bisschen so wie Tom Sawyer gefühlt. Als er vermisst wurde und man vermutete, dass er tot sei, wurde eine Trauerfeier für ihn abgehalten. Er versteckte sich auf der Empore der Kirche und hörte die ganzen Trauerreden, die dort gehalten wurden.

9. Zehn gute Zitate

»Ein Wort, geredet zu rechter Zeit, ist wie goldene Äpfel auf silbernen Schalen« (Sprüche 25,11; Luther 1894). Kurze Aussagen haben sich oft als Leuchtfeuer im Leben von Gläubigen erwiesen, die ihnen als Orientierung dienten. Bei mir trifft das ebenfalls zu. Ich habe es mir zur Gewohnheit gemacht, einige dieser Goldstücke auf den weißen Seiten vorn oder hinten in meiner Bibel zu sammeln. Hier kann ich nur wenige davon wiedergeben. Ich habe mich nicht auf zehn beschränkt, weil ich nicht gewusst hätte, wo ich aufhören sollte. Wenn kein Autor angegeben ist, war er mir unbekannt.

Die Bibel

> *Wenn die Bibel wahr ist, haben die Fundamentalisten recht.* (H. L. Mencken, ein Skeptiker)

Obwohl er ein Skeptiker war, hatte Mencken recht, als er das sagte. Die Bibel ist wahr, und diejenigen, die sie als das inspirierte, unfehlbare Wort Gottes annehmen, haben recht. Sie glauben an die großen, grundlegenden Wahrheiten der Schrift.

Wenn die Bibel mit der modernen Wissenschaft übereinstimmen würde, wäre sie bald veraltet, weil es in der Natur der Sache begründet ist, dass die Wissenschaft zwangsläufig Veränderungen unterliegt. (Oswald Chambers)

Wissenschaftliche Lehrbücher, die vor 50 Jahren geschrieben wurden, sind heute für die Bildungseinrichtungen ziemlich unpassend. Die Bibel hingegen verkündet immer noch ihre zeitlose und unveränderliche Botschaft.

Wenn die Modernisten und die Vertreter der Bibelkritik ihre Meinung kundgetan haben und die Rufe verhallt sein werden, werden die sechsundsechzig Bücher der Bibel aufstehen und mit einer Stimme verkünden: »Meine Herren, tun Sie sich kein Leid an, denn wir sind alle hier.«[57]

Wahrscheinlich musste kein Buch jemals solche vernichtenden Angriffe einstecken wie die Bibel, aber sie hat den Zorn und den Hass ihrer Feinde überlebt. Für sie gilt:

Die Bibel steht fest wie ein Fels in der Brandung,
Umtost von den wütenden Stürmen der Zeit.
Ihr Text brennt wie Feuer von ewiger Wahrheit,
Erleuchtend die suchenden Seelen weltweit.[58]

---

57 A. d. H.: https://www.stempublishing.com/authors/pollock/Is_the_Bible_Inspired_of_God.html (abgerufen am 9. 1. 2023). Hinsichtlich der Bibelstelle, auf die im Zitat Bezug genommen wird, vgl. Apostelgeschichte 16,28.

58 A. d. H.: Erste Strophe des Liedes »The Bible stands like a rock undaunted« von Haldor Lillenas (1885 – 1959), Nachdichtung: Hermann Grabe.

Gebet

Jemand hat einmal treffend gesagt: »Wenn sich ein Kind Gottes dem Thron der Gnade naht und den Namen des Herrn Jesus Christus auf seinen Lippen und die Ehre des Vaters als höchsten Wunsch seines Herzens hat, so ist es der Allmacht so nahe, wie ein sterblicher Mensch es nur sein kann.« Angesichts dieser Tatsache ist es seltsam, dass Gläubige oft zu träge sind zu beten. (F. W. Schwartz)

Jeder Christ sollte erkennen: Wenn ich im Namen Jesu bete, ist es dasselbe, als ob der Herr Jesus dieses Gebet dem Vater bringen würde. Auf diese Weise sind wir der Allmacht so nahe, wie es sonst nie der Fall ist. Angesichts dieser Tatsache ist es erstaunlich, dass wir nicht mehr beten.

Lerne, Menschen durch Gott allein mithilfe des Gebets in Bewegung zu setzen. (Hudson Taylor)

Gebet ist der Nerv, der die Hand Gottes bewegt. Es ist fraglich, ob Gott je irgendetwas tut, außer als Antwort auf Gebet.

Gebet bewegt die Hand des Allmächtigen, Dinge zu tun, die Er sonst nicht getan hätte.

Jakobus sagt: »Ihr habt nichts, weil ihr nicht bittet« (4,2b). Das widerlegt die moderne Ansicht, dass Gebet nichts verändert, sondern den Betreffenden nur in Einklang mit dem bringt, was der Herr sowieso getan hätte.

> *Bitte Gott, dass der Wunsch, etwas Böses zu tun, und die Gelegenheit, etwas Böses zu tun, nicht gleichzeitig auftreten.*

Manchmal werden wir versucht, aber die Gelegenheit zur Sünde besteht nicht. Zu anderen Zeiten ist die Gelegenheit da, aber die Versuchung nicht. Aber die Gefahr ist groß, wenn sie beide zur gleichen Zeit auftreten. Bete, dass das nicht geschieht.

Jüngerschaft

> *Ich werde keinen Wert auf irgendetwas legen, was ich habe oder besitzen werde, außer in Verbindung mit dem Reich Christi.*[59] (David Livingstone)

Das sind die Worte eines wahren Jünger Jesu. Er will nichts für sich selbst, aber alles für Jesus. Er ist christuszentriert, nicht selbstzentriert. Er liebt die Seelen der Menschen und nicht die wertlosen Dinge, für die andere Menschen leben.

59 A. d. H.: Teilweise findet sich im Internet die Variante »... außer in Verbindung mit dem Reich Gottes«.

> *... das einzige vollkommene Leben, das hier auf Erden gelebt wurde – und Er hinterließ nichts außer der Kleidung, die Er trug.* (James Denney)

Ich muss gestehen: Jedes Mal, wenn ich diese Worte lese, spüre ich, wie freundlich und einladend an meine Herzenstür geklopft wird. Mein gepriesener Erlöser kam mit leeren Händen in diese Welt, und als Er von ihr schied, hinterließ Er keinen Besitz. Oh, wäre ich doch wie Er!

> *Wenn du einmal angefangen hast, auf dem Wasser zu gehen, willst du nie mehr in einem Boot fahren.* (Richard Vineyard)

Diejenigen, die durch Glauben und nicht durch Schauen wandeln, genießen eine besondere, außerordentliche Freude. Ohne irgendwelche sichtbaren Hilfsquellen erleben sie die wunderbare Fürsorge des Einen, dem das Vieh auf tausend Bergen gehört.

> *Vor vielen Jahren kam der Tag in meinem Leben, als Georg Müller starb. Als junger Mann hatte ich sehr viele Ziele, aber es kam der Tag, als ich all diesen Dingen starb und ich sagte: »Von nun an, Herr Jesus, nicht mein Wille, sondern Deiner.« Und von diesem Tag an begann Gott, in mir und durch mich zu wirken.* (Georg Müller)

Es hat den Anschein, als ob jeder Mensch – ob Mann oder Frau –, den Gott gebraucht hat, einen ähnlichen

Akt der völligen Hingabe vollzogen hat. Davon ist in fast jeder Missionarsbiografie die Rede. Die Worte sind vielleicht verschieden, aber der Akt an sich ist der gleiche. Jedes Mal, wenn ein Mensch anfängt, sich in die Flut zu stürzen und sich ganz Gott auszuliefern, beginnt er zu erleben, wie Gott in ihm wirkt und wie durch ihn andere Menschen verändert werden.

Leben als Christ

> *Ich bin hier, weil Gott mich berufen hat, mich bewahrt, mich unterweist und für mich einen bestimmten Zeitplan hat.* (Andrew Murray)

Wenn wir – du und ich – uns das in den wechselnden Umständen des Lebens zu eigen machen könnten, würden wir unaussprechlichen Frieden, Geborgenheit und Freude erleben.

> Nie brech die Welt zu mir herein,
> Halt mich getrennt von ihr,
> Und mach mich demutsvoll und klein
> Und nur geschätzt von Dir![60]
>
> Charles Wesley

---

60 Never let the world break in;
Fix a mighty gulf within.
Keep me little and unknown;
Prized and loved by God alone.
Charles Wesley

Demut ist das Kronjuwel unter den christlichen Eigenschaften. Wir sind hier, um Gott groß zu machen. Wir können Gott nicht verherrlichen und die Leute zur gleichen Zeit damit beeindrucken, wie großartig wir sind.

Ich habe nie wirklichen Frieden und Freude im Dienst gekannt, bis ich aufhörte zu versuchen, bedeutend zu sein.

Wir können ganz gelassen werden, wenn wir damit aufhören, uns selbst ins Rampenlicht zu stellen. Wir sind unnütze Knechte. Christus ist alles.

Ein Abschnitt im Leben eines Menschen umfasst nicht seine ganze Lebensgeschichte. »Denn der Gerechte fällt siebenmal und steht wieder auf …« (Sprüche 24,16).

Dafür können wir alle dankbar sein. Jona war froh. Das Wort des Herrn kam zu ihm ein zweites Mal. Petrus war froh. Der Herr richtete ihn wieder auf und stellte ihn erneut in den Dienst. Nur weil ein Gläubiger versagt, heißt das nicht, dass Jesus mit ihm nichts mehr anfangen kann.

Wir können Gottes Hand nicht immer sehen, aber wir können immer Seinem Herzen trauen. (C. H. Spurgeon)

Wie tief stehen wir in Spurgeons Schuld für seine unvergesslichen und einzigartigen Aussprüche! Wahrscheinlich haben die meisten Prediger ihn schon zitiert. Hier erinnert er uns daran: Wenn es auch Prüfungen und Leid im Leben geben mag, die wir nicht erklären können, können wir immer wissen, dass Gott alles zusammen zum Guten mitwirken lässt.

> *Sorge zweifelt die Weisheit Gottes an; sie gibt zu verstehen, dass Er nicht weiß, was Er tut. Sie stellt die Liebe Gottes infrage; sie sagt, dass unser Ergehen für Ihn nicht von Belang ist. Sie zieht die Macht Gottes in Zweifel; sie sagt, dass Er nicht fähig sei, die Umstände zu überwinden, die meine Sorgen hervorrufen.*

Manchmal sind wir stolz auf unser Sorgen. Wir geben damit an, dass wir uns um alles kümmern und sorgen müssen. Aber Sorge ist Sünde, und wir werden nie frei davon, bis wir sie als Sünde bekennen und uns von ihr abkehren.

> *Ich bitte dich inständig durch die großen Erbarmungen Christi, es in Erwägung zu ziehen, dass du im Irrtum sein könntest.* (Oliver Cromwell)

Cromwell war kein Heiliger im eigentlichen Sinn des Wortes, aber dieser Ausspruch ist eines Heiligen würdig. Wenn es um die Grundlagen des Glaubens geht, gibt es keinen Raum für verschiedene Ansichten. Aber bei zweitrangigen Themen haben selbst allgemein bekannte und gottgemäß lebende Menschen unterschiedliche Meinungen. Wenn das der Fall ist, sollten wir Raum lassen für alternative Ansichten. Es ist gut, nicht zu dogmatisch oder rechthaberisch zu sein.

Dienst als Christ

> *Vom ersten Tag meines Dienstes an bis zur jetzigen Stunde wurde ich so freundlich unterstützt, wie es für ein sterbliches und sündiges Wesen nur möglich ist. Meine Gemeinschaft war mit den Herrlichen auf Erden, und jeder von ihnen – ob Mann oder Frau – war bestrebt, mit dem Äußersten seiner Kraft mir um des Herrn willen Liebenswürdigkeiten zu erweisen.*[61] (Charles Simeon)

Das erinnert uns an die Worte Jesu, die Er in Markus 10,29-30 gesagt hat: »Ich sage euch: Es ist niemand, der Haus oder Brüder oder Schwestern oder Mutter oder Vater oder Kinder oder Äcker verlassen hat um meinet- und um des Evangeliums willen, der nicht hundertfach empfängt, jetzt in dieser Zeit Häuser und Brüder und Schwestern und Mütter und Kinder und Äcker unter Verfolgungen, und in dem kommenden Zeitalter ewiges Leben.« Ich denke an viele Gastgeber, die mir – ob Männer oder Frauen – ihr größtes Schlafzimmer überlassen haben, und an einen Missionar, der auf dem Boden

61 An dieser Stelle fügt der Autor einen Bibelvers ein: »An den Heiligen, die auf Erden sind, an den Herrlichen hab ich all mein Gefallen« (Psalm 16,3; Luther 1984).

vor dem Kamin geschlafen hat, damit ich in seinem Bett schlafen konnte. Sie erwiesen mir diese Liebenswürdigkeiten um des Herrn willen.

> *Keine geistliche Gabe eines Menschen ist zu groß für Gottes Grundsätze. Wenn du einen Grundsatz Gottes findest, bleibe dabei.* (Alfred Mace)

Manche denken vielleicht, dass ihre Gabe für eine kleine Gemeinschaft von Gläubigen zu groß ist. Deswegen gehen sie einen Kompromiss mit ihren lange vertretenen Überzeugungen ein, um sich mit ihren Predigten an eine größere Zuhörerschaft zu wenden. Jesus ließ sich nie zu großen Mengen hinziehen und wurde nie von kleinen Gruppen abgestoßen.

> *Der Wille Gottes wird dich nie dorthin führen, wo die Gnade Gottes dich nicht unterstützen kann.*

Das hat Missionaren große Sicherheit gegeben, die in entfernte Gebiete aufgebrochen sind. Wenn du weißt, dass Er dich gerufen hat, reicht das. Mehr ist nicht notwendig. Er wird sich um den Rest kümmern.

> *Der Himmel wird der beste und sicherste Ort sein, um die Ergebnisse unseres Dienstes zu erfahren.*

Ich denke, es war E. Stanley Jones der gesagt hat: »Ich hasse diesen Wettlauf um Zahlen.« Das Endergebnis werden wir bis zum Richterstuhl nicht wissen. Dann wird das gelten, was wir in einer Liedstrophe zum Ausdruck bringen:

> Und viele große Taten, auf die man stolz einst war,
> Macht Er an jenem Tage als Sünde offenbar.
> Doch für manch kleine Dinge, von uns oft kaum bedacht,
> Wird Er uns dort belohnen, weil sie für Ihn gemacht.[62]

Sonstiges

> *Die große und häufige Tragödie in der Wissenschaft liegt vor, wenn einer wunderschönen Theorie von einer hässlichen Tatsache der Todesstoß versetzt wird.* (Thomas Huxley, englischer Biologe)

Das erinnert uns an die Evolution, den größten Mythos, der der Menschheit je aufgezwungen wurde.

> *Wohin auch immer meine Füße mich tragen, / eine einzige Leidenschaft bleibt bestehn – / begierig aus Gottes Quell' zu trinken und nach Ihm zu fragen / und dann erfrischt neu an mein Werk zu gehn.* (Gamaliel Bradford)

---

62 Deeds of merit as we thought them,
He will show us were but sin.
Little deeds we had forgotten,
He will show us were for Him.

Aus: *Care for God's Fruit Trees*. A. d. H.: Der Originaltext geht auf das Lied »He is coming for us« zurück.

Scheinbar hatte Bradford »einen Durst, den kein irdischer Strom stillen, und einen Hunger, dem keine irdische Speise abhelfen kann«. Er konnte sagen: »Ich nähre mich, o Herr, von Dir, / wärst Du nicht da, dann stürb' ich hier.« Herr, gib mir diesen Durst und Hunger.

> *Unabhängigkeit und ein gutes Gewissen bei Salz und Brot sind besser als Sklaverei und Sünde bei Braten und Konfekt.*[63] (C. H. Spurgeon)

Ein anderer geistreicher Gedanke vom Fürsten der Prediger. Die Wahrheit liegt auf der Hand, aber er serviert sie auf so schmackhafte Weise.

> Wie mancher vollendete Sänger,
> Durch Gnade zum Himmel gebracht,
> Sagt von den lieblichen Liedern:
> »Die lernte ich einst in der Nacht!«
> Und mancher der großen Choräle,
> Der jubelnd durchs Vaterhaus klingt,
> Entstieg einer weinenden Seele,
> Die schluchzend ihr Heimweh besingt.[64]

---

63 A. d. H.: Quelle: C. H. Spurgeon, *Guter Rat für allerlei Leute. Reden hinterm Pflug*, Bielefeld, CLV: überarbeitete Auflage 2015, S. 152. Die Wiedergabe von William MacDonald weicht geringfügig vom hier erscheinenden Wortlaut ab.

64 And many a rapturous minstrel
Among those sons of light
Will say of his sweetest music,
»I learned it in the night!«
And many a rolling anthem
That fills the Father's home
Sobbed out its first rehearsal
In the shade of a darkened room. (Author unknown)

Die dunkelsten Zeiten des Lebens sind oft die fruchtbarsten. Denke an Josephs Gefangenschaft und an die von Paulus. Aber vor allem an Golgatha.

10. Zehn beliebte Illustrationen

Das tote Schaf und das Lamm

Die Lammzeit ist oft eine freudige und bittere Zeit für einen Hirten. Es geschieht, dass ein Schaf stirbt, während es gebiert. Da bleibt also ein Lamm ohne Mutter zurück, die es füttern kann. Es passiert oft, dass zur gleichen Zeit ein Lamm stirbt, sodass das betreffende Mutterschaf kein Lamm zu säugen hat. Das stellt ein Problem dar, oder? Hier geht es sowohl um Freudiges als auch um Bitteres. Es geht sowohl um Leben als auch um Tod.

Viele von uns würden meinen, dass es eine einfache Lösung gibt. Gib einfach das lebende Lamm dem lebenden Mutterschaf, sodass es das Lamm als sein eigenes annehmen kann. Es scheint eine so einfache Lösung zu sein. Das Problem ist: Es funktioniert nicht. Das Schaf wird das Lamm nicht annehmen. Es ist nicht seins. Selbst wenn du das Lamm genau neben das Mutterschaf legst, wird es das Lamm ablehnen. Warum? Weil es weiß, dass es nicht sein Lamm ist.

Aber es gibt eine Lösung. Hirten auf der ganzen Welt kennen sie und praktizieren sie auch. Sie ist wirklich sehr einfach: Der Hirte zieht dem toten Lamm das Fell ab und bindet es dann um das lebende Lamm. Wenn er das Lamm diesmal zu dem Muttertier bringt, nimmt dieses es sofort an. Warum? Ist es nicht dasselbe Lamm, das die Mutter vor ein paar Minuten abgewiesen hat? Ja, aber sie erkennt jetzt ihr eigenes Lamm und nimmt das lebende Lamm an, weil es »in ihrem eigenen Lamm« zu ihr kommt.

Das ist ein anschauliches Bild für das Evangelium. Gott kann uns nicht in unseren Sünden annehmen. Wir müssen absolut gerecht sein, um in Seine Gegenwart zu kommen. Aber wenn wir Jesus Christus als Herrn und Retter annehmen, sind wir von da an in Christus. Gott sieht uns nicht länger als Sünder, die den ewigen Tod verdienen. Er sieht uns in Christus und bringt uns die gleiche Liebe entgegen, mit der Er Seinen eingeborenen Sohn liebt. Wir sind in Christus angenommen. Gott rechnet uns Seine eigene Gerechtigkeit zu. Das lesen wir in 2. Korinther 5,21:

> Den [Christus], der Sünde nicht kannte, hat er [Gott] für uns zur Sünde gemacht, damit wir Gottes Gerechtigkeit würden in ihm.

Als der Herr Jesus den Preis für unsere Sünden an dem Kreuz von Golgatha bezahlt hat, machte Er es für Gott möglich, die Sünden aller zu vergeben, die Christus im Glauben annehmen. Er nimmt uns an, nicht aufgrund dessen, was wir aus uns selbst sind, sondern aufgrund dessen, was wir in Christus sind.

Der Sprung des Glaubens

Sean hatte sich bei den Fallschirmjägern gemeldet, und jetzt war er dabei, seinen ersten Sprung zu wagen. Der Fallschirm war sicher an ihm festgeschnallt, und die Reißleine war leicht erreichbar. Die Tür des Flugzeugs war offen. Sean wartete auf das Signal und stand bereit. Die Hupe ertönte, der Sprungmeister klatschte Sean auf den Oberschenkel, und er sprang aus der offenen Tür.

Es war ein Akt des Glaubens.

Bis zu diesem Zeitpunkt glaubte Sean, dass der Fallschirm ihn sicher zum Boden bringen würde. Dies war ein rein intellektueller Glaube. Ihm wurde beigebracht, dies als Tatsache anzunehmen. Aber erst, als er tatsächlich gesprungen war, hatte er erstmals den echten Glauben praktiziert. Er vertraute sich diesem kreisförmigen Stück Nylon an. Sobald er abgesprungen war, hing alles von dem Fallschirm ab. Er hatte keine andere Hoffnung.

So ist es mit dem Glauben an Christus. Du kannst glauben, dass Er der Sohn Gottes ist, dass Er auf Golgatha starb, um durch Sein eigenes Opfer die Sünde wegzunehmen, dass Er wiederauferstand, zurück in den Himmel ging und dass Er wiederkommt – du kannst all das glauben und immer noch nicht gerettet sein. Das ist ein rein intellektueller Glaube. Erst wenn du dich Ihm hinsichtlich der ewigen Rettung anvertraust – Geist, Seele und Körper –, dann bist du gerettet. Wenn deine einzige Hoffnung für den Himmel in dem Herrn Jesus ist, dann hast du rettenden Glauben unter Beweis gestellt. Glaube nur, dass Er als dein Stellvertreter gestorben ist und deine

Sünden gesühnt hat, und du bist gerettet. Da ist nichts mehr hinzuzufügen.

Das Problem bei der Illustration ist, dass sie an einem Punkt einen Haken hat. Es gibt ein Risiko, wenn man mit dem Fallschirm abspringt. Fallschirme öffnen sich nicht immer. Die Fangleinen können durcheinandergeraten. Oder der Fallschirm ist nicht richtig gepackt worden. So etwas passiert.

Christus anzunehmen, ist mit keinem Risiko verbunden, und es kann keinen Unfall geben. Er rettet alle, die zu Ihm kommen. Die Zusage von Gottes Wort ist sicher: »… damit jeder, der an ihn glaubt, nicht verlorengehe, sondern ewiges Leben habe.«

Eine Begnadigung muss angenommen werden

Als George Wilson das Postamt ausraubte, brachte er einen Mann um. Er wurde gefasst, vor Gericht gestellt und verurteilt. Das Gericht verurteilte ihn zum Tod. Einige Leute, die an dem Fall interessiert waren, wandten sich an Andrew Jackson, den damaligen Präsidenten der Vereinigten Staaten, mit der Bitte, dass der schuldige Verbrecher begnadigt würde. Nachdem er den Fall gründlich untersucht hatte, entschied sich der Präsident, eine Begnadigung zu bewilligen. Es ist undenkbar, dass jemand, der klar bei Verstand ist, dies ablehnen würde.

Am Tag, an dem die Hinrichtung geplant war, erreichte die Begnadigung Wilsons Zelle. Aber als der Wächter versuchte, sie zu überbringen, weigerte sich der Gefangene, sie anzunehmen. Er verabscheute den Präsidenten, und er sagte dazu: »Ich würde lieber sterben, als eine Begnadigung von Andrew Jackson anzunehmen.«

Das verursachte natürlich ein noch nie da gewesenes rechtliches Dilemma. Was tut man, wenn ein Mann eine Begnadigung ablehnt? Die juristischen Ratgeber des Präsidenten baten den Obersten Gerichtshof der Vereinigten Staaten um ein Urteil. Die Entscheidung lautete wie folgt: Eine Begnadigung ist nur ein Stück Papier. Sie muss angenommen werden, bevor sie gültig wird.

Derjenige, der als zum Tode Verurteilter eine Begnadigung nicht annimmt, sieht dem Tod bei der Hinrichtung entgegen.

Das hat eine Parallele zu dem Thema der ewigen Errettung des Menschen. Der Mensch ist ein Sünder von seinem Wesen und seinem Verhalten her. Der Lohn der Sünde ist der Tod. Deswegen ist der Mensch verurteilt zu sterben. Aber der Herr Jesus kam auf die Welt, um für schuldige Männer und Frauen in den Tod zu gehen. Er trug die Strafe, die die Menschheit verdiente. Er starb für die ganze Welt.

Gott liebt alle Menschen. Er will nicht, dass irgendjemand verlorengeht. Deswegen bietet Er jedem eine Begnadigung an. Man kann diese Begnadigung anerkennen, indem man Christus als seinen Retter annimmt. Die Begnadigung ist da: »Glaube an den Herrn Jesus, und du wirst errettet werden« (Apostelgeschichte 16,31). Es gibt sie, man kann sie bekommen, aber der Schuldige muss bereit sein, sie anzunehmen.

Millionen haben Gottes Begnadigung angenommen, aber es gibt immer noch einige, die eher sterben würden, als Sein Angebot der Gnade anzunehmen.

Von welchem Regiment, Majestät?

Eines Tages waren Napoleons Truppen zur Inspektion aufgestellt. Als er an den in Reih und Glied stehenden Soldaten entlangritt, ohne die Zügel zu benutzen, scheute plötzlich sein Pferd, sodass es sich aufbäumte und außer Kontrolle geriet. Ein Soldat in der Vorderreihe sah die Gefahr für seinen Heerführer, packte das Zaumzeug des Pferdes und beruhigte es sofort.

Erfreut und beeindruckt von der schnellen und bestimmten Handlung des Soldaten, rief Napoleon: »Danke, Herr Hauptmann!«

Der Gefreite nahm den Befehlshaber beim Wort. Obwohl er nur ein einfacher Soldat war, antwortete er: »Von welchem Regiment, Majestät?« Er nahm das Wort des Kaisers in Anspruch.

Unser Herr gibt denen von uns, die zu Ihm gehören, unermesslich große Verheißungen. Er will, dass wir im Glauben unsere Hand darauf legen und dass wir sie in Anspruch nehmen. Er nennt uns Seine Kinder, Seine Söhne, Seine Heiligen, Erben und Geliebten. Er will, dass wir diese Titel als unsere eigenen ansehen und in der Freude darüber leben. Er sagt uns, dass unsere Sünden entfernt worden sind. Wir bringen Seinem Wort Ehrerbietung entgegen, wenn wir fragen: »Wie weit, Herr?«

Dann hören wir Ihn sagen: »So weit der Osten ist vom Westen, hat er von uns entfernt unsere Übertretungen.«

Kein Rolls Royce mit einer gebrochenen Achse

Ein wohlhabender britischer Geschäftsmann überquerte mit seinem Rolls Royce auf der Fähre den Ärmelkanal, da er einen Urlaub auf dem europäischen Kontinent plante. Aber er hatte Pech. Bei der Weiterfahrt brach nach einem oder zwei Tagen seine Hinterachse. Er konnte sich nicht anders behelfen und musste sein Auto zu der nächsten Autowerkstatt abschleppen lassen. Eine kurze Begutachtung bestätigte seine Befürchtungen. Der Mechaniker sagte, dass er keine solche Achse zur Hand hätte, dass er aber eine derartige aus England kommen lassen würde. Der Besitzer war angenehm überrascht, wie schnell sein Auto repariert war. Er setzte seinen Urlaub fort.

Im Anschluss an die Rückkehr nach England wartete er auf die Rechnung für die Reparatur. Als einige Monate vergingen und keine Rechnung ankam, schrieb er an Rolls Royce, erklärte im Detail, was passiert war, und bat um die Rechnung für die Reparatur.

Nach nur einigen Tagen bekam er einen Brief mit folgender Mitteilung: »Wir haben unsere Akten gründlich durchgesehen und können keine Aufzeichnungen finden in Bezug auf einen Rolls Royce, der je eine gebrochene Hinterachse hatte.«

Das war wunderbar, nicht wahr? Ja, aber es gibt etwas noch Wunderbareres. Wenn ein Sünder dem Herrn Jesus vertraut und gerettet wird, kann Gott, wenn Er seine Akten durchsieht, keine Aufzeichnungen einer einzigen Sünde finden, für die Er den Gläubigen mit der Hölle bestrafen müsste. Die Sünden sind in die Tiefen des Meeres geworfen worden, weil Gott beschlossen hat, ihrer nie mehr zu gedenken. Der Gläubige ist gerechtfertigt, das heißt, die entsprechenden Aufzeichnungen sind gelöscht worden. Er ist nun mit Gottes Gerechtigkeit gekleidet.

Stehen, wo das Feuer schon gewütet hat

Der Sommer war ungewöhnlich trocken in Minnesota. Eines Tages schaute ein Farmer nach draußen und sah ein Präriefeuer in der Ferne. Der Wind trieb das Flammenmeer genau in die Richtung seines Hofes. Seine Gebäude waren in Gefahr. Es gab nur eine Rettung. Er ging in die Richtung des entgegenkommenden Feuers und steckte ein Stück Land in Brand. Es war ein kontrolliertes Feuer. Der Bodenbewuchs brannte lichterloh, aber zu der Zeit, als das Präriefeuer in die Nähe des bedrohten Hofes kam, war nichts Brennbares mehr da. Nur noch ein verkohltes Feld.

Der Farmer hatte ein Mittel benutzt, das als Gegenfeuer bekannt ist. Man zündet ein Feuer an, um einen vorrückenden Waldbrand oder ein Präriefeuer zu stoppen, indem man ein Gebiet durch Brand rodet. Wenn das Feuer das Gebiet erreicht, wo das Gegenfeuer gebrannt hat, ist dort nichts mehr übrig, was es als Nahrung finden könnte.

Das ist eine geistliche Lektion. Als der Herr Jesus am Kreuz von Golgatha starb, ertrug er das Feuer von Gottes Zorn gegen unsere Sünden. Er nahm die Hölle auf sich, die wir verdient hätten.

Wenn wir Christen werden, sind wir in Christus. Wir stehen dort, wo das Feuer des Gerichts schon gewütet hat. Es bleibt für uns kein Feuer des Gerichts übrig, das wir erdulden müssen. Jesus hat es völlig auf sich gezogen, sodass es uns nichts mehr anhaben kann.

Was für eine wunderbare Rettung!

Der Richter bezahlte die Strafe[65]

Diese Geschichte eines Verkehrsverstoßes verdanken wir Billy Graham. Er fuhr durch eine Stadt in Florida, als er das unangenehme Geräusch einer Sirene hörte und die blinkenden Lichter in seinem Rückspiegel sah. Er fuhr an den Straßenrand. Der Polizist trat an der Fahrerseite auf das Auto zu, bat um seinen Führerschein und sagte Billy, er solle ihm folgen.

Es wäre ihm lieber gewesen, wenn er die Strafe dort an Ort und Stelle hätte bezahlen können. Aber nein, Billy musste vor dem Friedensrichter erscheinen, der zufälligerweise auch in einem Friseursalon der Stadt arbeitete.

65 Aus: »Encounter with Christ«, IVCF Urbana Conference, 1957.

Billy erzählte die Geschichte so weiter:

»Als der Richter fertig war, einen Kunden zu rasieren, kam er herüber, wo ich saß, und fragte den Beamten: ›Wie lautet die Anklage?‹

Der Polizist antwortete: ›10 Meilen über der Geschwindigkeitsbegrenzung gefahren.‹

›Schuldig oder unschuldig?‹

Ich sagte: ›Schuldig.‹

Er sagte: ›Das wären zehn Dollar, bitte.‹

Ich griff nach meinem Portemonnaie.

Dann schaute er auf und sagte: ›Kenne ich Sie nicht?‹

Ich sagte: ›Ich hoffe nicht, Sir.‹

Er sagte: ›Sind Sie nicht Billy Graham, der Pastor?‹

Ich sagte: ›Ich gebe zu, dass ich es bin, Sir.‹

Er stand auf, schüttelte meine Hand und sagte: ›Ich höre oft Ihre Radiosendungen und lese Ihre Kolumne in der Zeitung.‹

Bevor er die Hälfte gesagt hatte, hatte ich mein Portemonnaie zurückgesteckt und dachte, dass ich zehn Dollar gespart hatte.

Als ich mich gerade verabschieden wollte, sagte er: ›Das wären zehn Dollar, bitte.‹

Dann sagte er: ›Warten Sie eine Minute, warten Sie. Wissen Sie, ich halte viel von Ihnen, und das will ich beweisen. Ich habe den Strafzettel schon ausgestellt. Es muss ein Zehn-Dollar-Schein oder ein Scheck beigefügt werden. Ich werde die Strafe für Sie bezahlen, und ich werde Sie zum Steak-Essen einladen. Können Sie so lange in der Stadt bleiben?‹

Ich sagte: ›Ja, Sir!‹«

Nun gibt Billy die Anwendung.

»Ich hatte Gottes Gesetz gebrochen. Die Strafe: Trennung von Gott! Hölle! Äußerste Finsternis, wo es kein göttliches Licht und kein Leben gibt. Gott sagte: ›Warte, ich werde die Strafe bezahlen.‹ Jesus nahm die Hölle auf sich, die ich verdiente. Er nahm das Gericht am Kreuz auf sich, das ich verdiente. Er wurde für uns zur Sünde gemacht – Er, der keine Sünde kannte. Dann sagte Gott: ›Warte, ich werde nicht nur die Strafe bezahlen, ich werde dich in meine Familie aufnehmen, und du sollst mein Kind und mein Sohn werden.‹«

1. Er zahlt' die Schulden, die ich doch gemacht.
Ich brauchte Sühnung; Er hat's vollbracht.
Ich bin gerettet aus teuflischer Macht.
»Herrliche Gnade!«, so klingt's Tag und Nacht.
Was ich nicht konnte, hat Jesus vollbracht.

2. Er zahlt' die Schuld, als am Kreuze Er starb,
Als Er mich reinwusch, das Heil mir erwarb.
Dank Dir, Herr Jesus, Du zahltest die Schuld.
Ich sing jetzt Lieder von Deiner Geduld:
»Herrliche Gnade!«, so klingt's Tag und Nacht.
Was ich nicht konnte, hat Jesus vollbracht.[66]

Autor unbekannt

66 **He paid a debt He did not owe**

1. He paid a debt He did not owe;
I owed a debt I could not pay,
I needed someone to wash my sins away.
But now I sing a brand-new song,
Amazing grace all day long,
Christ Jesus paid the debt I could not pay.

Der Maulwurf

Mein Vater beendete seine evangelistischen Botschaften oft mit der Geschichte des Maulwurfs. Vielleicht war es etwas, was er als Junge in der hügligen Heidelandschaft in Schottland beobachtet hatte.

Solange ein Maulwurf lebt, sind seine Augen geschlossen. Vielleicht sind sie nicht komplett geschlossen, aber zumindest scheint es so. Sobald der Maulwurf stirbt, sind seine Augen offen.

Mein Vater musste das nicht weiter ausführen. Bis wir Christus vertrauen, sind unsere Augen geschlossen. Geschlossen für die Herrlichkeiten unseres Retters. Geschlossen für Seine große Errettung. Geschlossen für die Herrlichkeiten des Himmels und die Schrecken der Hölle. Geschlossen für die glückselige Hoffnung der Entrückung.

Aber sobald wir ohne Christus sterben, sind unsere Augen offen. Wir werden den Herrn Jesus als unseren Richter sehen. Wir wünschen uns jemanden, der hingeht und das Evangelium unseren nicht geretteten Freunden erzählt. Wir betteln um einen Tropfen Wasser, um unsere Zunge zu kühlen.

Diese Lektion verfehlte bei uns Jugendlichen nicht ihre Wirkung.

---

2. He paid that debt at Calvary,
He cleansed my soul and set me free,
I'm glad that Jesus did all my sins erase.
I now can sing a brand-new song,
Amazing grace all day long,
Christ Jesus paid the debt I could not pay.
(Author unknown)

Die Details dieser Geschichte sind jeweils unterschiedlich, aber die eigentliche Geschichte ist zeitlos. Sie handelt von einem kleinen Mädchen, das sich in einer großen Stadt verirrt hat. Ein Polizist fand die Kleine weinend. Sie wusste nicht, wie sie nach Hause kommen sollte. Er begann, berühmte Gebäude aufzuzählen, um zu sehen, ob sie eines kennen würde. Kein Erfolg. Er nannte ihr bekannte Straßen. Wieder ein Misserfolg. Er beschrieb viel besuchte Sehenswürdigkeiten, aber es war hoffnungslos.

Schließlich bat er das siebenjährige Mädchen, in seinen Streifenwagen zu steigen. Er fuhr langsam in dem Stadtviertel herum. Dann passierte es. Das Kind sah in der Ferne die Spitze eines Kirchturms, auf dem ein Kreuz befestigt war. Mit großer Erleichterung sagte es: »Bringen Sie mich einfach zu diesem Kreuz. Von dort kann ich meinen Weg nach Hause finden.«

Das erinnert uns an ein anderes Kreuz, »an dem einst der Herr hing, / als für Sünder Er ging in den Tod«[67]. »… ragt es ob der Jahre Flug«[68], wobei es den Weg zum Himmel für alle zeigt, die eingestehen, dass sie verloren in Sünde sind und den Weg nicht finden können. Es ist

---

67 A. d. H.: Im Original wird hier aus dem Lied »On a hill far away« zitiert. Davon gibt es im Deutschen mindestens zwei Nachdichtungen, darunter »Dort auf Golgatha stand« (»Das alt raue Kreuz«).

68 A. d. H.: Im Original wird hier aus dem Lied »In the Cross of Christ I Glory« zitiert. Die deutsche Nachdichtung (»Jesu Kreuz ist all mein Rühmen« ist auf folgender Website abrufbar: https://library.timelesstruths.org/music/In_the_Cross_of_Christ_I_Glory@de.pdf (abgerufen am 9. 1. 2023).

die Orientierungshilfe, die uns zuverlässig zu unserer wahren Heimat im Himmel führt. »Bringen Sie mich einfach zu dem Kreuz, und von dort kann ich meinen Weg nach Hause finden.«

Ich muss den Weg des Kreuzes gehn,
Will ich die Himmelspforte sehn.
Kein andrer Weg führt je dorthin.
Wenn ich mir noch so sicher bin.
Nur der Weg übers Kreuz führt nach Haus.[69]
J. P. Pounds

Ich wusste, du würdest kommen

In der Armee bildet sich oft eine erstaunliche Kameradschaft unter Männern heraus, und sie wird äußerst stark, wenn diese Männer gemeinsam im direkten Kampf mit dem Feind stehen. Nur diejenigen, die so etwas selbst erlebt haben, können verstehen, wie stark sie ist.

Jim und Chuck waren echte Freunde in ihrer Einheit. Sie kämpften in den Tagen des Grabenkriegs, bevor ferngesteuerte Bomben oder lasergelenkte Raketen aufkamen. Es war ein Kampf Mann gegen Mann.

---

69 **I must needs go home by the way of the cross**

I must needs go home by the way of the cross,
There's no other way but this;
I shall ne'er get sight of the Gates of Light,
If the way of the cross I miss.
The way of the cross leads home.
J. P. Pounds

Zwei gegnerische Regimente hatten sich verschanzt, wobei sich zwischen ihnen das Niemandsland befand. Nach einer heftigen Schlacht mit vielen Opfern wurde den Amerikanern befohlen, sich zurückzuziehen. Dabei waren sie gezwungen, Jim tödlich verletzt zurückzulassen.

Als das Regiment zurück hinter die Frontlinie kam, bemerkte Chuck, dass sein Freund nicht dabei war. Er bat seinen Vorgesetzten um Erlaubnis, seinen Freund zu suchen und zu retten. Der Offizier führte überzeugende Gründe dafür an, warum dies nicht möglich wäre. Chuck würde bei dem Rettungsversuch wahrscheinlich selbst getötet werden. Inwieweit der Leutnant Chucks Flut von Bitten nachgegeben hatte oder ob Chuck beschloss, einen Prozess vor dem Militärgericht zu riskieren, um seinen Freund zu retten, ist in den Aufzeichnungen nicht enthalten. Aber fest steht, dass Chuck durch die mitternächtliche Dunkelheit kroch und Jim schließlich fand. Sobald Jim ihn sah, holte er tief Luft und sagte: »Ich wusste, du würdest kommen, Chuck.«

Chuck schleifte seinen Freund an einen Platz, wo eine Rettungsmannschaft ihn ohne Gefahr erreichen konnte. Dann explodierten einige Granaten in der Nähe von Chuck, und er starb auf der Stelle.

Die größte Liebe, die jemand von uns zeigen kann, besteht darin, für einen Freund zu sterben. Es ist ein wunderbarer Beweis dafür, welch eine Zuneigung jemand für eine andere Person haben kann. Jesus sagte: »Größere Liebe hat niemand als diese, dass jemand sein Leben lässt für seine Freunde« (Johannes 15,13). Aber die Bibel zeigt uns eine Liebe, die sogar noch größer ist. Sie wurde durch

Gottes Sohn erwiesen, als Er für Seine Feinde starb. Paulus redet darüber in Römer 5,10: »Denn wenn wir, da wir Feinde waren, mit Gott versöhnt wurden durch den Tod seines Sohnes …«

Niemandes Liebe größer ist,
Als wenn er stirbt für die Freunde;
Jesus dies alles weit übertrifft:
Er starb sogar für die Feinde.[70]
Joseph Stennett

---

70 No man of greater love can boast
Then for his friend to die;
Christ for His enemies was slain!
What love with His can vie?
Joseph Stennett

A. d. H.: Aus: »O blessed Savior, is Thy love«.

Abkürzungen

A. d. H.	Anmerkung des Herausgebers
A. d. Ü.	Anmerkung der Übersetzerin
Bd.	Band
Luther 1984	*Die Bibel nach der Übersetzung Martin Luthers*, Textfassung 1984, Deutsche Bibelgesellschaft, Stuttgart 1985.
svw.	so viel wie

William MacDonald

Seiner Spur folgen

Anleitung zur Jüngerschaft

432 Seiten, Paperback

ISBN 978-3-89397-988-2

»Seiner Spur folgen« ist das Vermächtnis eines Mannes, der mehr als 50 Jahre lang gelebt und gelehrt hat, was ihm so sehr am Herzen lag: Jünger Jesu werden und Ihm nachfolgen!

In seinem lebendigen, aber doch leicht verständlichen Sprach-Stil forderte er unermüdlich dazu auf, mit ganzem Herzen und ganzer Hingabe den Fußspuren dessen zu folgen, der Sein Leben für uns gab. In diesem Handbuch, das eine Fülle von hilfreichen Ratschlägen und Anleitungen enthält, werden alle Aspekte der Jüngerschaft und Nachfolge beleuchtet.

Ein sehr wertvolles, umfassendes Werk sowohl für solche, die Jünger werden wollen, als auch für jene, die andere zur Jüngerschaft anleiten möchten.

Ferner gibt es das dazu passende **Arbeitsbuch** von Peter Lüling: 128 Seiten, Paperback, ISBN 978-3-86699-235-1

William MacDonald

Die Gnade Gottes

96 Seiten, Taschenbuch
ISBN 978-3-86699-419-5

»Wenn einem Menschen wirklich bewusst wird, was die Gnade Gottes für ihn getan hat, dann wird diese Erkenntnis sein ganzes Leben verändern. Er wird nicht mehr der gleiche sein.

Wer die Gnade Gottes erfahren hat, fällt unwillkürlich auf seine Knie und erkennt anbetend an, dass alle Ehre Gott gehört. Als unausweichliche Folgerung erkennt der Gläubige die einzig richtige Konsequenz: sich diesem Herrn mit Geist, Seele und Leib zu weihen. Wer die Gnade Gottes erfahren hat, dem kann kein Opfer mehr zu groß erscheinen.«

In diesem Buch versucht W. MacDonald, die Dimensionen der Gnade Gottes in Vergangenheit, Gegenwart und Zukunft deutlich zu machen.